Identität und Körper in der (post)modernen Gesellschaft

Zum Stellenwert der Körper/Leib-Thematik
in Identitätstheorien

von

Anne-Christin Stockmeyer

Tectum Verlag
Marburg 2004

Stockmeyer, Anne-Christin:
Identität und Körper in der (post)modernen Gesellschaft.
Zum Stellenwert der Körper/Leib-Thematik in Identitätstheorien.
/ von Anne-Christin Stockmeyer
- Marburg : Tectum Verlag, 2004
ISBN 978-3-8288-8615-5

© Tectum Verlag

Tectum Verlag
Marburg 2004

Inhaltsverzeichnis

1 Einführung 7

   1.1 Aktualität und Bedeutung der Debatten um Identität und Körper 7

   1.2 Begriffliche Differenzierung: Körper, Leib, Körperschema und Körperbild 12

   1.3 Identität und Körper/Leib als Schnittstellen zwischen Individuum und Gesellschaft 15

2 Körper und Leib 19

   2.1 Einführung in die sozial- und kulturwissenschaftliche Körper-/Leib-Diskussion 19

   2.2 Körpersoziologische Analysen: Pierre Bourdieus Klassenkörper 23

   2.3 Leibphilosophische Perspektiven 26
      2.3.1 Maurice Merleau-Pontys Philosophie des Leibes 26
      2.3.2 Hellmuth Plessners philosophische Anthropologie 34
      2.3.3 Alfred Schütz' Strukturierung der Lebenswelt 37

3 Vorstellung ausgewählter Identitätstheorien unter Berücksichtigung der Körper-/Leib-Thematik 40

   3.1 Vorbemerkungen 40

   3.2 Identitätstheorien des sozialpsychologischen Paradigmas 42
      3.2.1 Der sozialpsychologische Identitätsbegriff 42
      3.2.2 George Herbert Meads symbolisch-interaktionistische Identitätstheorie 46
         3.2.2.1 Darstellung der Theorie 46
         3.2.2.2 Zum Stellenwert des Körpers in Meads Identitätstheorie 55
         3.2.2.3 „Reading Body Stories": Identität und Körper/Leib in der „biographischen Identität" 58

3.2.3 Erik H. Eriksons entwicklungspsychologisch-
psychoanalytische Identitätstheorie 62
3.2.3.1 Darstellung der Theorie 62
3.2.3.2 Zum Stellenwert des Körpers in Eriksons
Identitätstheorie 71
3.2.4 Erving Goffman: Die beschädigte Identität 75
3.2.5 Jürgen Habermas: Die Ich-Identität 79
3.2.6 Lothar Krappmann: Die balancierende Identität 83
3.2.7 Resümee 88

3.3 Das Paradigma der Postmoderne 91

3.3.1 Theoretische Hintergründe zum Paradigma der
Postmoderne 91
3.3.2 Michel Foucaults Subjektbegriff 98
3.3.2.1 Identität als Unterwerfung des Subjekts: Der
unterjochte Körper 98
3.3.2.2 Identität als Lebenskunst: Der Körper als
Kunstwerk 112

3.4 Das kulturwissenschaftliche Paradigma der „Post-
Postmoderne" der 1990er Jahre 120

3.4.1 Theoretische Hintergründe des kulturwissenschaftlichen Paradigmas 120
3.4.2 Judith Butlers Identitätskonzeption 124
3.4.2.1 Darstellung der Theorie 124
3.4.2.2 Zum Stellenwert des Körpers in Butlers
Identitätskonzeption 138
3.4.2.3 Butlers Identitätskonzeption am Beispiel der
Performancekunst 146

4 Schlußbetrachtung und Ausblick 154

Literaturverzeichnis 159

> „Die Gesellschaft kann man nicht verändern, den Körper schon."
>
> „Den Körper verändern heißt Identität schaffen."
>
> Zitate aus einer Sendung zum Thema Tätowierungen aus der Reihe Spiegel TV, Vox, ausgestrahlt am 12. August 1999

1 Einführung

1.1 Aktualität und Bedeutung der Debatten um Identität und Körper

„Wer bin ich?" ist die „klassische Identitätsfrage" (Keupp 1999: 10), die sich heute allgegenwärtig und vieldiskutiert präsentiert. Die Frage nach Identität ist explizit oder implizit als „Selbstfindung", „-verwirklichung" et cetera ein dominierendes Thema (vgl. auch Platta 1998: 55), das auch in Verbindung mit dem „Körper-Haben" erscheint. So spricht der Philosoph und Künstler Peter Weibel in einem Interview in „Der Spiegel" von einer „Identitätsindustrie", die dem postmodernen Individuum einen Katalog von Lebensentwürfen und Identitäten zur Auswahl bereitstellt, zu denen auch ein „konstruierter Körper" zählt, wie er an dem Beispiel eines prominenten Politikers verdeutlicht (vgl. Weibel 2000: 138).

Assmann und Friese (1998: 11) stellen überdies eine epidemische Ausbreitung des Identitätsbegriffs in der Alltagssprache fest. Populärwissenschaftliche Magazine wählen die Identitätsfrage zum Titelthema (z. B. Psychologie Heute Nr. 3, 2000), und schließlich wird die „Frage nach der Identität" sogar als eines der „sozial- und humanwissenschaftlichen Dauerthemen" ausgemacht (Darmstädter/Mey 1998: 65), das seit den 1970er Jahren noch einmal eine Renaissance erfährt und zumeist „mit einer kritischen Zeitdiagnose verbunden" erscheint (Straub 1991: 49). Ende der 1980er Jahre widerfährt der Identitätsthematik ein noch weiter gestiegenes Interesse, das der Sozialpsychologe Heiner Keupp auf „soziale Veränderungen" (1999: 9) zurückführt. Er stellt fest:

> Es wird deshalb soviel von Identität gesprochen und geschrieben, weil innerhalb der gesellschaftlichen Durchschnittserfahrung nicht mehr selbstverständlich ist, was Identität ausmacht.
>
> (Keupp 1999: 9)

Auch Keupp und Höfer (1998: 7) stellen fest, daß „Identitätsbildung unter den gegenwärtigen gesellschaftlich-kulturellen Bedingungen prekär geworden ist" und sehen den inflationären Gebrauch des Identitätsbegriffs als Hinweis darauf an. Die „Suche nach sozialer Verortung" sei zu einem „brisanten Thema" geworden (ebd.: 30). Frey und Haußer (1987: 11) machen eine „durch den 'Verlust der Mitte' gekennzeichnete Sinnkrise der Gesellschaft" aus, die „zu einer lebenslänglichen Identitätskrise des einzelnen" wird. Kurzum: Wenn Identität nicht mehr gesellschaftlich vorgegeben und bestimmt wird, muß die und der Einzelne selbst „Identitätsarbeit" leisten.

Es sind demnach vor allem soziale Erosionsprozesse und Individualisierungstendenzen, die die Identitätsfrage[1] so populär werden lassen. So macht Beck (1986: 118 f.) für die Gegenwart einen „In-

---

[1] Eine deutlich individuell geprägte Identität bildet sich erst in gesellschaftlichen Transformations- und Freisetzungsprozessen seit Beginn der frühen Neuzeit heraus, in der die Menschen zunehmend aus weltlichen und göttlichen Bezügen, aus vermeintlich natürlicher Ordnung freigesetzt und auf sich selbst gestellt werden (vgl. Buchholz 1987: 488 f.).

dividualisierungsschub" aus, der sich im Vergleich zur Renaissance und Frühindustrialisierung durch neuartige Konsequenzen auszeichnet:

> [...] an die Stelle von Ständen treten nicht mehr soziale Klassen, an die Stelle sozialer Klassen tritt nicht mehr der stabile Bezugsrahmen der Familie. *Der oder die einzelne selbst wird zur lebensweltlichen Reproduktionseinheit des Sozialen.*
>
> (Beck 1986: 119, kursiv im Original)

Neben der Identitätsthematik läßt sich ein weiteres „Boomthema" in Alltag und Wissenschaft ausmachen: der Körper. In unserer westlichen Gegenwartsgesellschaft ist ein Trend der zunehmenden Körperthematisierung festzustellen. Wie die Identitätsthematik, so hat auch die Körperthematik Eingang in alltägliche Medien, populärwissenschaftliche Publikationen und die wissenschaftliche Diskussion gefunden (vgl. auch Gugutzer 1998: 33). Der „Körperboom" zeigt sich darüber hinaus in gegenwärtigen künstlerischen und kulturellen Tendenzen, wie von dem Medienwissenschaftler Alfred Rotert beobachtet:

> [...] Zentrales Thema in der Medienkunst wie in der Kunst allgemein ist zurzeit der menschliche Körper und dessen Darstellung als Idealkörper in den Medien, vor allem in der Werbung. [...]
>
> (Rotert 2000: 8)

Die zunehmende Bedeutung des Körpers in der Kunst im letzten Drittel des 20. Jahrhunderts hat sogar zur Etablierung eines eigenen Terminus der „Körperkunst"[2] geführt (vgl. Ullrich 2000: 261 f.).

---

[2] Mit „Körperkunst" wird über die abbildende Darstellung des Körpers in Kunstwerken hinaus vor allem die Inszenierung des Körpers selbst zum Kunstwerk bezeichnet (vgl. Ullrich 2000: 261).

In sozialwissenschaftlichen Publikationen wird eine Suche nach Zuflucht beim „besten Körper" (Rittner 1982: 48) ausgemacht; vom „Kultobjekt Körper" (Gugutzer 1998: 33) ist die Rede, der an anderer Stelle als Symptom einer „bodyistischen Kultur"[3] gedeutet wird (vgl. Wagner 1998b: 109; 121). Zygmunt Bauman nimmt sich der Fitneßwelle an und beobachtet ein „Vermeiden des Festgelegt-Seins", was gleichermaßen für die Identität wie für den Körper des modernen Menschen gilt, die zu „Projekten" werden (vgl. Baumann 1995: 7 ff.). Robert Gugutzer macht eine mit der allgemeinen Aufwertung des Körpers verbundene „Individualisierung des Körpers" aus und beobachtet, daß der Körper für viele Menschen zunehmend zum „Instrument der Sinnfindung" wird (vgl. Gugutzer 1998: 34 f.; vgl. auch Rittner/Mrazek 1986a). Auch hier bilden soziale Erosionsprozesse den Boden für die zunehmende Körperthematisierung, und es deuten sich erste Verbindungen zwischen der schwierig gewordenen Identitätsbestimmung und der Konzentration auf den Körper an.

Zusammenhänge zwischen Individualisierung, Identität und Körper zeigen schließlich Rittner und Mrazek (1986a) auf. Sie diagnostizieren einen Körperboom und sehen den zeitgenössischen Menschen infolge der „Systemprobleme komplexer Gesellschaften" gezwungen, „Glück aus dem Körper" (ebd.: 57) zu schöpfen: Der Verlust traditioneller Sinninstanzen wie Tradition oder Religion, aber auch Familie und Beruf führt dazu, daß die Menschen „sich nun selbst Halt geben" müssen und „zu Regisseuren der eigenen Identität" werden (ebd.: 58). Die mit Hilfe von Sport, Ernährung und Mode erfolgenden „Bemühungen um den Körper" werden auch als Versuch gedeutet, die Folgen der Individualisierung zu bewältigen.

---

[3] Bodyismus ist ein von Lida van den Broek in Analogie zum Rassismus geschaffener Begriff, der ausdrückt, daß körperliche Merkmale den Boden für soziale Benachteiligung oder eben entsprechende Vorteile bilden (vgl. Wagner 1998b: 212).

Diese nämlich läßt „Identitätssicherung" anstrengend werden und führt zu einem „Umbau der Identitätsmaßstäbe" (ebd.), wobei der Körper "im Rahmen neuer Identitätsmaßstäbe genutzt" wird (Rittner/Mrazek 1986b: 64).

Mit der Erosion traditionell identitätsbildender Instanzen – Beruf, Familie, "repräsentative Öffentlichkeit" (ebd.: 63) –, so die Autoren, übernehmen körperbezogene Freizeitaktivitäten schließlich identitätsbildende Funktionen. Mit körperlichen Aktivitäten wie Fitneßtraining wird überdies das Ziel verfolgt, sich mit „Eigenschaften, Fähigkeiten und Philosophien" (ebd.: 65) auszustatten, mit denen man den Anforderungen der Industriegesellschaft hofft begegnen zu können. Selbstvergewisserung und Selbststeuerung werden als neue Formen der Identitätssuche ausgemacht, die über Körperaufmerksamkeit und körperliche Aktivitäten zu erreichen versucht werden (vgl. ebd.: 62) – zum Beispiel durch Joggen, denn: "Laufend kommt man schneller zu seiner Identität" (Mrazek/Rittner 1986a: 61). Insgesamt stellen die Autoren fest, daß "Lebensprobleme über Kategorien des Körpers reformuliert werden". Schließlich wird "der Körper [...] zum Halt gegen die schweifende Subjektivität" (ebd.). Körperarbeit wird damit tatsächlich zur Identitätsarbeit.

Es stellt sich die Frage nach dem Verhältnis zwischen Identität und Körper, die wohl gerade im Zeitalter der Individualisierung naheliegt: Ist der moderne individualisierte Mensch in der Ausbildung der eigenen Identität auf seinen Körper zurückgeworfen? Wie wird dem Verhältnis zwischen Identität und Körper theoretisch Rechnung getragen? Dies führt zur Frage nach dem Stellenwert oder der Integration des Körpers bzw. des im folgenden genauer zu bezeichnenden Leibes in sozial- und kulturwissenschaftlichen Identitätstheorien. Lassen sich Verbindungen zwischen Identitätstheorien und Körper-/Leib-Konzeptionen aufzeigen? Auf diesen Fragestellungen basieren die nachfolgenden Ausführungen, die im Frühjahr 2003 als

Magisterarbeit im Fachbereich Sozialwissenschaften der Universität Osnabrück angenommen wurden. Die vorliegende Textfassung enthält einige Ergänzungen, die mit der Veröffentlichung der Vorträge anläßlich der Frankfurter Foucault-Konferenz 2001 notwendig wurden, auf die in den Kapiteln 3.3 und 3.4 Bezug genommen wird.

1.2 Begriffliche Differenzierung: Körper, Leib, Körperschema und Körperbild

Die Unterscheidung zwischen den Begriffen Körper und Leib stellt eine Besonderheit des Deutschen dar; in der englischen und französischen Sprache beispielsweise steht mit „body" oder „corps" jeweils nur ein Begriff zur Verfügung. Den Körper zeichnet die Tatsache einer sichtbaren Gestalt aus; Leib ist dabei zunächst als lebendiger, beseelter Körper gedacht. Leib-Sein ist demnach als „Innenseite" des Körper-Habens anzusehen. Diese Interpretation folgt auch der etymologischen Verwandtschaft der Begriffe Leib und Leben über das mittelhochdeutsche Wort *lib*, während der Begriff Körper auf das mittelhochdeutsche Wort *korper* zurückgeht und Leiche, Leichnam bedeutet (vgl. Borsche, 1980: 173; Hofmann 1999: 22). Soziologische Analysen beschäftigen sich vornehmlich mit der sichtbaren „Außenseite" des Körper-Habens; die „gefühlte" Innenseite des Leib-Seins wird vor allem aus philosophisch-phänomenologischer Perspektive analysiert[4].

Das Körperschema (engl. *body scheme*) ist begrifflich vom Körperbild (engl. *body image*) zu trennen und gleichzeitig von aktuellen Körperwahrnehmungen zu unterscheiden. Körperschema meint das

---

[4] Auf die Verwendung des Körpers als politische Metapher, z. B. als Staatskörper, soll hier nicht weiter eingegangen werden (siehe dazu Kerchner 1999).

funktionale Bezugssystem der Körperwahrnehmung, in das die einzelnen Körperwahrnehmungen eingeordnet werden. Es liefert dem Menschen Informationen über Motorik, Haltung und Oberfläche des Körpers (vgl. Dauschek 1994: 58). Körperschema meint die schematische Vorstellung vom eigenen Körper, die sich in Folge der Verarbeitung innerer und äußerer Wahrnehmungsreize herausbildet. So sind kinästhetische Empfindungen wie die Körperlageinformation auf innere Reize zurückzuführen, äußere haptische (taktile) Reize wirken hingegen auf die Körperoberfläche ein (vgl. Bielefeld 1986: 6). Das Körperschema bezieht sich auf die Wahrnehmung des Körpers, das Körperbild hingegen auf dessen Erleben als „subjektiv-emotionale Aneignung des eigenen Körpers" (ebd.: 31).

Es wird davon ausgegangen, daß sich die Funktion des Körperschemas autonom herausbildet, während die Körperbild-Funktion erfahrungsabhängig ist und sich entsprechend im Lebensverlauf entwickelt (vgl. ebd.: 16). Das Körperbild stellt ein „relativ überdauerndes Ding im Wahrnehmungsraum" dar (Scheerer 1976: 1135) und umfaßt als solches die Vorstellung vom und Einstellung zum eigenen Körper. Es erfolgt demnach eine deutliche Unterscheidung zwischen wahrgenommenem Körper und physischem Organismus. In diesem Sinne wird auch von einem Körper-Ich als „Erlebnisinhalt" ausgegangen, das neben anderen „Wahrnehmungsdingen" der Umwelt im „Wahrnehmungsraum" lokalisiert ist (ebd).

Die (natur-)wissenschaftliche Auseinandersetzung mit der Körperwahrnehmung setzte erst im 20. Jahrhundert mit der sich etablierenden Neurologie und Psychologie ein. Zu nennen sind hier insbesondere die Veröffentlichungen von Paul Schilder zum Körperschema, der auf das sich in der Vorstellung prägende Bild vom eigenen Körper hinweist. Schilder geht über die neurophysiologischen Wahrnehmungsakte des Körpers hinaus und bezieht individuelle und sozial vermittelte Erfahrungen in die Körperwahrnehmung mit ein (vgl. Bielefeld 1986: 6 f.). Der Umgang mit dem Körper war zuvor in erster Linie Gegenstand der philosophischen Diskussion um Körper und Geist (vgl. Scheerer 1976: 1135; Dauschek 1994: 58 f.). Hervorzuheben bleibt, daß die nachfolgenden Diskussionen zur Körperwahrnehmung in den unterschiedlichen wissenschaftlichen Disziplinen letztlich keine einheitlichen Begriffsdefinitionen hervorgebracht haben, so daß Bielefeld (1986: 18) vorschlägt, Körperschema und Körperbild unter dem Oberbegriff „Körpererfahrung" zu subsumieren.

Wichtig bleibt festzuhalten, daß sowohl das körperliche Erscheinungsbild, der „Idealkörper" als auch das Körperempfinden abhängig vom jeweiligen soziohistorischen Kontext sind, wie bereits aus den kulturanthropologischen Studien der Engländerin Mary Douglas hervorgeht. Sie stellt in Anlehnung an Marcel Mauss die These auf, daß

> [...] der menschliche Körper immer und in jedem Fall als Abbild der Gesellschaft aufgefaßt wird, daß es überhaupt keine „natürliche", von der Dimension des sozialen freie Wahrnehmung und Betrachtung des Körpers geben kann[,]
>
> (Douglas 1974: 106)

und kommt des weiteren zum dem Schluß, daß „es sich bei der Körperkontrolle um einen Ausdruck der sozialen Kontrolle handelt" (ebd.).

1.3 Identität und Körper/Leib als Schnittstellen zwischen Individuum und Gesellschaft

Die Identitätsfrage berührt das Verhältnis zwischen Individuum und Gesellschaft in seinem Kern: Sie liegt „an der Nahtstelle von Subjekt und Gesellschaft" (Keupp 1999: 9). Aus sozialpsychologischer Perspektive betrachtet, läßt sich die Bildung einer (psychosozialen) Identität beim Menschen, die sich im Austausch mit der „natürlichen und sozialen Umgebung" (Schülein 1987: 1063) entwickelt, als „Folge anthropologischer Bedingungen" auffassen. Der soziozentrierte Ansatz der Sozialpsychologie geht davon aus, daß der Mensch erst „von gesellschaftlichen Prägeinstanzen" zu einem sozialen Wesen erzogen werden muß; der individuozentrierte Ansatz betont, daß „das Individuum von Natur aus auf Gesellschaft hin angelegt ist". Im Zentrum aller Überlegungen steht dabei der Mensch als soziales Wesen. Bei Keupp heißt es:

> Es geht bei Identität immer um die Herstellung einer Passung zwischen dem subjektiven „Innen" und dem gesellschaftlichen „Außen", also zur Produktion einer individuellen sozialen Verortung, das ist die universelle Anforderungssituation der *conditio humana*, also die anthropologische Grundaufgabe des Menschen.
> (Keupp 1999: 28, kursiv im Original)

Identität entwickelt sich also im Austausch mit der sozialen Umwelt, in Interaktion mit (signifikanten) Anderen und ist so eingebettet in den jeweiligen soziohistorischen Kontext.

Auch das Körper-Haben ist Teil der *conditio humana*, zählt demnach ebenso zu den anthropologischen Konstanten des Menschen wie die Identität. Der Körper ist lebenslanger Begleiter, Medium, durch das soziale Realität wahrgenommen wird; er ist zugleich kulturell geformt und wirkt selbst strukturierend auf die Außenwelt. Der Körper ist daher ebenso an der Schnittstelle zwischen Individuum und Gesellschaft zu verorten. Dies läßt sich insbesondere an Pierre Bourdieus These vom „Klassenkörper" verdeutlichen, wonach der Umgang mit dem eigenen Körper vom jeweiligen klassenspezifischen „Habitus" geprägt ist. Bourdieu stellt heraus, daß gesellschaftliche Körpervorstellungen von Anfang an konstitutiv in das eigene Bild vom Körper eingehen (vgl. Bourdieu 1987a: 307 ff.). Die Bedeutung des Körpers für das (Er-)Leben wiederum zeigt sich insbesondere aus leibphilosophischer Perspektive: Für den französischen Philosophen Maurice Merleau-Ponty ist „Leiblichkeit" ein „Aspekt, der in allen Aktivitäten ständig mitanwesend ist" (Coenen 1985: 204). Die Nähe zwischen Identitäts- und Körperthematik zeigt sich auch in der von Mathias Hirsch vorgenommenen Deutung des Körpers als „Übergangsobjekt" zwischen Selbst und Welt (zit. in Dauschek 1994: 57).

Nicht zuletzt gibt es Gemeinsamkeiten in der inhaltlichen Struktur der Diskussionen um die Identitäts- und Körperthematik. So finden sich in den Theorien und Konzepten zu beiden Themen jeweils eine Innen- und eine Außenperspektive, die in Abhängigkeit voneinander zu sehen sind. So ist die „Innenseite" des von außen sichtbaren Körper-Habens das subjektiv gefühlte Leib-Sein. Der von „außen" zuschreibbaren, gemeinhin als soziologisch definierten und oftmals auf Rollenengagements bezogenen Identität wird hingegen eine „psychologische", innere Identität gegenübergestellt, die auf einem Identitätsgefühl basiert. Die eher soziologische Außenperspektive zugewiesener Identität und die eher psychologische Innenperspektive im Sinne eines persönlichen Identitätsgefühls fallen in sozialpsychologischen Identitätskonzeptionen zusammen (vgl. auch Frey/Haußer 1987: 3 ff.; Bohleber 1998).

Identität und Körper sind offensichtlich eng miteinander verbunden. Die der Identitätsthematik und der Körper-/Leib-Thematik inhärente Doppelperspektive innen/außen verweist auf mögliche Verbindungen auf theoretischer Ebene. Läßt sich diese Verbindung zwischen Identität und Körper nun in sozialwissenschaftlichen Identitätstheorien wiederfinden? Wird dort insbesondere auch das passive und für das subjektive Erleben wohl zentrale Leibempfinden berücksichtigt?

Im folgenden findet zunächst eine theoretische Auseinandersetzung mit der Körper-Leib-Thematik statt, vor deren Hintergrund schließlich zentrale Identitätstheorien untersucht werden. Einen Schwerpunkt bilden dabei leibphilosophische Perspektiven, aus denen ersichtlich wird, daß sich das in der Identität manifestierende Verhältnis zu sich selbst und der Welt über den Leib ausdrückt und entwickelt. Es sei jedoch bereits an dieser Stelle vorangestellt, daß der Körper/Leib vor allem in den klassischen sozialpsychologischen und soziologischen Identitätstheorien eine mehr oder weniger vernachlässigte Kategorie darstellt. Von Bedeutung scheint der Körper vornehmlich nur in instrumentalisierender Form zu sein, sozusagen als (Selbst-)Objekt[5]. Darauf aufbauend werden daher auch kultur-

---

[5] Dieser Theorieentwicklung liegt insbesondere der cartesianische Dualismus als zentrale abendländische Denktradition zugrunde. René Descartes (1596 – 1650) zufolge ist der Körper lediglich ein passives Medium, die Seele stellt die eigentliche agierende Instanz dar. Descartes' metaphysischer Dualismus unterscheidet zwischen „Res extensa" (Ausdehnung, Körper, Außenwelt) und „Res cogitans" [Geist, Innenwelt, „'innere Welt' privater Selbsttransparenz" (Rentsch 1980: 203)] und wird im neuzeitlichen Denken zur Grundlage der idealistischen Unterscheidung von Subjekt und Objekt. Zugrunde liegt eine strikte Trennung zwischen Materie als passiver ausgedehnter Substanz und Geist als aktiver denkender Substanz (vgl. Specht 1980: 192; Specht 1971: 970). Dies impliziert auch die dichotomische Betrachtung von Leib und Seele, die sich nach cartesianischem Verständnis gegenseitig ausschließen.

wissenschaftliche Identitätstheorien analysiert, die nach dem „linguistic turn" (Wagner 1998a: 57) andere Identitätskriterien zugrunde legen. Es zeigt sich, daß in diesen Theorien der Körperthematik ein zentraler Stellenwert zugemessen wird.

2 Körper und Leib

2.1 Einführung in die sozial- und kulturwissenschaftliche Körper-/Leib-Diskussion

Zunächst stellten die Arbeiten von Norbert Elias und Michel Foucault die Verdrängung des Körpers aus dem sozialen Leben im Laufe des Modernisierungs- und Zivilisierungsprozesses der westeuropäischen Gesellschaften seit der frühen Neuzeit heraus (vgl. Gugutzer 1998; Elias 1976a/b; Foucault 1976). Betont wird die Unterwerfung des Körpers unter Disziplinierungs- und Kontrollmechanismen, seine Verdrängung aus der Öffentlichkeit in die Privatsphäre und ein sich daraus ergebender instrumentalistischer Umgang mit dem eigenen Körper.

Kamper und Wulf machten 1982 in dem von ihnen herausgegebenen gleichnamigen Sammelband „Die Wiederkehr des Körpers" aus, die interdisziplinär illustriert wird. Sie setzen darin jenem distanzierten, disziplinierten und instrumentalistischen Umgang mit dem Körper die Konzeption eines als authentisch begriffenen, "wahrhaft natürlichen" Körpers entgegen, die jedoch schon bald zugunsten eines kultursemiologischen Ansatzes aufgegeben wurde, in dem der Körper als Träger kultureller Zeichen aufgefaßt wird. Diese Studien können als beispielhaft für die zu Beginn der 1980er Jahre einsetzende Tendenz insbesondere einer anthropologisch orientierten Kulturwissenschaft gelten, sich der Untersuchung von historischen und kulturellen Mustern der Körperwahrnehmung und -darstellung zu widmen (vgl. Öhlschläger/Wiens 1997: 11). Kulturhistorische Studien, zu nennen sind hier vor allem die Beiträge von Mary Douglas, Thomas Laqueur und Barbara Duden, untermauern die Historizität von Körperwahrnehmung.

So zeigen die historischen Analysen von Thomas Laqueur und Barbara Duden, daß die Wahrnehmung und Betonung der Geschlechterdifferenz männlich-weiblich auf das 18. Jahrhundert zurückgehen und mit tiefgreifenden gesellschaftlichen Veränderungen einhergingen. Die Differenzierung der Geschlechter diente als biologische Begründung der unterschiedlichen sozio-kulturellen Geschlechterrollen (vgl. auch Labado 2002: 79).

Aus Dudens Untersuchung zu leiblichen Erfahrungen von Eisenacher Frauen um 1730 läßt sich ablesen, daß geschlechtsspezifische körperliche Prozesse mit einem „zeitgebundenen Körperwissen" verschränkt und somit „Ausdruck eines verleiblichten kulturellen Zusammenhangs" sind (Lindemann 1992: 334; vgl. auch Duden 1987). Duden zeigt auf, daß es kulturelle Prozesse sind, die „Geschlechtlichkeit an Körperlichkeit binden" und schließlich dazu führen, daß „Körperlichkeit als Zeichen für den Unterschied von Mann und Frau" interpretiert wird[6] (Duden 1987: 138).

Zu ähnlichen Ergebnissen kommt auch der Historiker Thomas Laqueur, der die Existenz eines „Ein-Geschlecht-Modells", bei dem der weibliche Körper als „geringere Version des männlichen" verstanden wurde, vor dem 18. Jahrhundert belegt (Laqueur 1992: 10). Das Ein-Geschlecht-Modell mit seiner zentralen Vorstellung, daß Frauen und Männer dieselben Genitalien haben und sich der Geschlechterunterschied nur darin manifestiert, ob sich die Genitalien im Körperinnern (bei Frauen) oder außerhalb des Körpers (bei Männern) befinden, hatte über Tausende Jahre Gültigkeit – Laqueur zitiert eine Quelle aus dem 4. Jahrhundert (vgl. ebd.: 16). Im 18. Jahrhundert wurde das Ein-Geschlecht-Modell durch das „Zwei-Geschlechter-Modell" abgelöst, in dem der männliche und weibliche Körper als miteinander nicht vergleichbar gegenübergestellt werden.

---

[6] Dies führt Duden schließlich zu der Frage „wie seit dem 18. Jahrhundert die wissenschaftliche Tatsache ‚Frau' so hergestellt und popularisiert wurde, daß ich sie an mir erlebe" (Duden 1991: 18).

Diese Verschiebung war nicht nur auf einen Zuwachs an wissenschaftlichen Erkenntnissen zurückzuführen, sondern auch auf einen übergreifenden Paradigmenwechsel, da ab dem ausgehenden 17. Jahrhundert der Körper nicht mehr wie zuvor betrachtet wurde „als Mikrokosmos einer größeren Weltordnung, innerhalb derer jegliches Stückchen Natur seinen Platz in einem Schichtenwerk des Bedeutens hat" (ebd.: 23). Mit der Aufklärung trat ein erkenntnistheoretischer Wandel ein, wonach die Wissenschaft nicht länger "die Hierarchien von Analogien und die Ähnlichkeiten hervor[brachte], wo bei jedem wissenschaftlichen Vorhaben immer die ganze Welt präsent ist [...]". Dieser Wandel ermöglichte es, das Geschlecht fortan als biologische Grundlage des Mann- oder Frau-Seins anzusehen.

Laqueur weist jedoch zugleich darauf hin, daß die Vorstellung von einem einzigen Geschlecht nie ganz aufgegeben wurde. So zeige sich bei fortschreitender Analyse der historischen Quellen, daß die Trennungslinie zwischen den Geschlechtern zunehmend uneindeutiger wurde: „[...] je nachdrücklicher man den Leib als Grundlage des Geschlechts in Dienst nahm, desto weniger standfest wurden die Grenzen" (ebd.: 11). Laqueurs Analysen sind schließlich nach eigener Aussage zu lesen als die Nachzeichnung der Differenzierung zwischen dem sozialen Geschlecht *(gender)* und dem anatomischen Geschlecht *(sex)*, das als vermeintlich biologische Gegebenheit angesehen wird.

Im Rahmen einer sozialphilosophischen Betrachtung wird sogar jegliche natürliche Verfaßtheit des menschlichen Körpers negiert und dieser als soziokulturelles Konstrukt aufgefaßt. Dem Körper wird dabei jegliche natürliche Verfaßtheit abgesprochen – er wird als soziokulturell geformt betrachtet, und zwar vor allem über die sprachliche Bezeichnung. Eine zentrale Vertreterin dieser Denkrichtung, die auf den Theorien der Dekonstruktion und des Poststrukturalismus fußt, ist die amerikanische Gender-Theoretikerin Judith Butler (vgl. Butler 1991).

Vor dem Hintergrund der Feststellung, daß auch die Wahrnehmung des eigenen Körpers sozial determiniert ist, untersucht Gesa Lindemann schließlich die soziologische Relevanz des passiven Leibempfindens (Lindemann 1992; 1993). Lindemann stellt heraus, daß erst die Hinzunahme der „leiblich-affektiven Dimension der Erfahrung" neben den Faktoren „kognitive Welterfahrung" und „Symbolverwendung" die Analyse der sozialen Konstruiertheit von Realität ermöglicht (Lindemann 1992: 335). Sie veranschaulicht dies am Beispiel der Erfahrungen von Transsexuellen und deren Interaktionspartner/inne/n während des Prozesses der Geschlechtsveränderung in bezug auf das Erleben der eigenen Geschlechtsidentität. Geschlechtswahrnehmung, so wird gezeigt, ist leiblich-affektiv strukturiert, und nicht nur von Prozessen kognitiver Zuordnung bestimmt. Zentrale Kategorien sind dabei das „Begehren" sowie die damit zusammenhängende Geschlechtsunterscheidung, die der „Differenz von Gleich- und Verschiedengeschlechtlichkeit [folgt]" (Lindemann 1992: 343). Wie eine Person auf eine andere wirkt ist damit ausschlaggebend dafür, ob jemand als Mann oder Frau wahrgenommen wird.

> Jemand ist ein Geschlecht, indem er/sie eines für andere ist und jemand ist ein Geschlecht, indem andere ein Geschlecht für sie bzw. ihn sind.
> (Lindemann 1992: 344)

Lindemann eröffnet mit diesem Vorgehen zugleich die leibphilosophische Diskussion im Rahmen der Körperthematik, indem sie sich auf Hellmuth Plessners philosophische Anthropologie bezieht.

2.2 Körpersoziologische Analysen: Pierre Bourdieus Klassenkörper

Im folgenden sollen nun die auf den Körper bezogenen Analysen des französischen Soziologen Pierre Bourdieu (1930 - 2002) im Vordergrund stehen, da hier der Leib (oder besser: Körper) als „zentrale analytische Kategorie" für eine Gesellschaftsanalyse fungiert (Lindemann 1992: 333). Aufgrund seiner Analysen nimmt Bourdieu eine herausragende Stellung in der körpersoziologischen Diskussion ein.

Bourdieu stellte Ende der 1970er Jahre die These eines „Klassenkörpers" (vgl. Bourdieu 1987a: 307 ff.) auf, der gesellschaftlich produziert und die „einzige sinnliche Manifestation der 'Person'" ist (ebd.: 310). Der klassenspezifische Körper reproduziert nach Bourdieu „tendenziell die Struktur des sozialen Raumes". Erklären läßt sich dieser Zusammenhang über den bei Bourdieu zentralen Begriff des Habitus, der als Schnittstelle zwischen gesellschaftlicher Umgebung und Anforderungen auf der einen und dem konkreten Verhalten und Denken von Individuen auf der anderen Seite zu definieren ist und ein „erworbenes System von Erzeugungsschemata" (Bourdieu 1987b: 102) darstellt. Der Habitus-Begriff bezeichnet „verinnerlichte Wahrnehmungs-, Bewertungs- und Erzeugungsschemata" (Lütke 1996: 142). Historisch-konkrete gesellschaftliche Strukturen bedingen bestimmte Dispositionen, also Anlagen zu einem Verhalten, die sich zu einer Habitusform verdichten und zumeist als Klassenhabitus zu erkennen sind[7]. Der im Laufe der Sozi-

---

[7] Bourdieu definiert Habitusformen als „Systeme dauerhafter *Dispositionen*, strukturierte Strukturen, die geeignet sind, als strukturierende Strukturen zu wirken, mit anderen Worten: als Erzeugungs- und Strukturierungsprinzip von Praxisformen und Repräsentationen" (Bourdieu 1976, zit. in Schwingel 1998: 55, kursiv im Original).

alisation verinnerlichte Habitus wird zur „zweiten Natur" (vgl. Schmeiser, zit. in Treibel 1994: 211; vgl. insgesamt Treibel 1994: 210 ff.).

Der Habitus bildet sich jedoch nicht nach einem mechanistischen Prinzip heraus, da er „in völliger (kontrollierter) Freiheit Hervorbingungen – Gedanken, Wahrnehmungen, Äußerungen, Handlungen – [...] erzeugen [kann], die stets in den historischen und sozialen Grenzen seiner eigenen Erzeugung liegen" (Bourdieu 1987b: 103). Es können also alle Gedanken, Wahrnehmungen und Handlungen hervorgerufen werden, die innerhalb der historischen und sozialen Grenzen liegen, die jenen Habitus hervorgebracht haben. Damit sind „Neuschöpfungen" ebenso ausgeschlossen wie die mechanische Reproduktion von Konditionierungen. Habitus ist „Spontaneität ohne Willen und Bewußtsein" (ebd.: 105), basiert demzufolge auch nicht auf freier Reflexion. Es sind „verkörperte Alltagsrituale" (Butler 2001: 194, Fußnote 13), anhand derer eine Kultur „ihre eigene ‚Selbstverständlichkeit' erzeugt und aufrechterhält". In den Gesten, dem Stil, dem unbewußten „Wissen" des Körpers rekonstruiert sich ein „praktischer Sinn", der konstitutiver Bestandteil sozialer Wirklichkeit ist.

Lindemann stellt drei Körperthematisierungen heraus, die sich aus Bourdieus Habitus-Begriff ableiten lassen: Habitus ist erstens „Stil der Selbstdarstellung", der Körper dient als Distinktionsmittel; zum zweiten ist Habitus „Grundlage aktiver Weltbewältigung", was ebenso auf den Körper übertragbar ist; drittens schließlich „sozialisiert der Habitus passive Leiberfahrungen", indem er ihnen „sozialen Sinn" verleiht (Lindemann 1992: 333). Bourdieu faßt den Körper als „unwiderlegbarste Objektivierung des Klassengeschmacks" auf, und die Art und Weise „mit dem Körper umzugehen, ihn zu pflegen und zu ernähren" offenbart Dispositionen und Habituseinstellungen (Bourdieu 1987a: 307).[8]

Ebenso stellt Bourdieu heraus, daß bei jedem Individuum von Anbeginn an gesellschaftliche Vorstellungen über den eigenen Körper in das sich entwickelnde subjektive Bild vom eigenen Körper „konstitutiv" eingehen. Diese gesellschaftliche Vorstellung ergibt sich aus der „Anwendung eines sozialen Klassifikationssystems", das für gesellschaftliche Produkte generell gilt. „So wären Wert und Geltung eines Körpers zweifellos jeweilig genau proportional zur Stellung seines Besitzers innerhalb der Verteilungsstruktur der übrigen Grundeigenschaften [...]" (Bourdieu 1987a: 311). Bourdieu geht in Gesellschaften „mit Klassenteilung" in bezug auf den Habitus von einer „wesensmäßigen *Überdeterminiertheit*" aus, die dazu führt, daß „alle Hervorbringungen eines bestimmten Handelnden" gleichermaßen etwas über dessen Klassenzugehörigkeit als auch über seinen Leib aussagen. Leib spezifiziert Bourdieu durch „gesellschaftlich näher bestimmte Eigenschaften" wie Geschlechtsmerkmale und Körpermerkmale, „allgemein bewunderte, wie Stärke oder Schönheit, oder aber sozial geächtete" (Bourdieu 1987b: 146, kursiv im Original).

Auch in diesen Analysen steht der aktive Aspekt des Körper-Habens im Vordergrund. Daher sollen im folgenden leibphilosophische Perspektiven im Hinblick auf das passive Leibempfinden als Grundlage der Welterfahrung skizziert werden. Dargestellt werden die Analysen der Leibtheoretiker bzw. -philosophen Maurice

---

[8] Als kulturspezifisches Charakteristikum wird auf die Bedeutung der Mahlzeit, von der Auswahl der Nahrungsmittel bis zu den Tischsitten, hingewiesen, die als ein wesentlicher Ausdruck sozialer Körperlichkeit gedeutet werden kann (vgl. dazu Bourdieu 1987a: 307 ff.). Für Norbert Elias (1897 – 1990) gehören die von den führenden Gesellschaftsschichten praktizierten Tischsitten, die von darunterliegenden Schichten adaptiert werden und sich allmählich über die gesamte Gesellschaft ausbreiten, zu den wichtigsten einzelnen Momenten im gesamten Prozeß der Zivilisation (vgl. Elias 1976a: 110 ff.; 145). Sie bilden somit einen Gradmesser für den erreichten Stand im Zivilisationsprozeß.

Merleau-Ponty, Hellmuth Plessner und Alfred Schütz, die insofern als „post-cartesianisch" anzusehen sind, als sie den Leib-Seele- oder Körper/Geist-Dualismus zu überwinden suchen (vgl. auch Fischer-Rosenthal 1999: 29 ff.).

2.3 Leibphilosophische Perspektiven

2.3.1 Maurice Merleau-Pontys Philosophie des Leibes

Der französische Philosoph Maurice Merleau-Ponty (1908 - 1961) begreift den Leib als Leitfaden der Weltorientierung und greift damit einen von Friedrich Nietzsche (1844 - 1900) eingeführten Gedanken auf. Nietzsche wendet sich von der idealistischen Tradition der Betonung des Verstandes und Bewußtseins und der damit verbundenen Leibverachtung ab und fordert eine radikale Neuorientierung. Für ihn stellt der Leib das „Prinzip des Hervorbringens und Schaffens" dar (Kaulbach 1980: 183). Der Leib ist das „Selbst". Das Bewußtsein, das Geistige und die Seele sind ihm untergeordnet, denn erst „durch den Leib hindurch" ist das Bewußtsein mit der Welt als Ganzes verbunden. Ohne den Leib, für sich genommen, vermag das Bewußtsein nur einen kleinen Ausschnitt aus der Welt zu erfassen. So schreibt Nietzsche in „Der Wille zur Macht":

> Wesentlich: vom Leib ausgehen und ihn als Leitfaden zu benutzen. Er ist das viel reichere Phänomen, welches deutlichere Beobachtungen zuläßt. Der Glaube an den Leib ist besser festgestellt, als der Glaube an den Geist.
> (Nietzsche 1930, zit. n. Rattner 1995: 839)

> Und kurz gesagt: es handelt sich vielleicht bei der ganzen Entwicklung des Geistes um den *Leib:* es ist die *fühlbar werdende Geschichte* davon, daß ein *höherer Leib* sich *bildet.*
> (Nietzsche 1930, zit. n. Rattner 1995: 839, kursiv dort)

Merleau-Ponty greift den Gedanken vom Leib als Leitfaden der Weltorientierung auf und setzt ihn fort. Für ihn stellt der Leib die Art und Weise unseres „Seins zur Welt" dar; im Leib geschehen Sprache, Wahrnehmung, Weltorientierung und Handlung (vgl. Kaulbach 1980: 183). Merleau-Ponty steht in der Tradition der von Edmund Husserl (1859 - 1938) begründeten Phänomenologie, die ebenfalls u. a. auf Nietzsches Gedankengut zurückgeht. Phänomenologie ist als „Wesenswissenschaft" die Lehre von den Erscheinungen, den Phänomenen. Husserl setzte sich mit der Entwicklung der phänomenologischen Philosophie von den um die Wende zum 20. Jahrhundert sich etablierenden rationalen und empirischen Erkenntnismethoden ab. Für Husserl ist die Welt nur durch das „Welterlebende Subjekt" (Treibel 1993: 117) bedeutsam – ein Objekt ist notwendigerweise auf ein Subjekt bezogen. In der Phänomenologie wird die „seiende Welt" als „Sinn- und Geltungsgebilde" und die *„erkennende Subjektivität als Urstätte aller objektiven Sinnbildungen und Seinsgeltungen"* verstanden (Husserl 1962, zit. n. Treibel 1993: 117, kursiv dort). Die von Husserl entwickelte Methode der „Wesensschau" basiert auf der Möglichkeit, die Wesenssphäre von der Wirklichkeit abzutrennen (vgl. Treibel 1993: 117).

Zunächst ging es in der Phänomenologie um die Erkenntnis des Wesens der Dinge, das durch das Absehen von den individuellen Eigenheiten der Dinge mittels „eidetischer Reduktion" hervortritt. In der weiterentwickelten Phänomenologie steht das erkennende Subjekt im Vordergrund. Zugrunde liegt die Annahme, daß Erkenntnis wesentlich durch das Gerichtetsein des Bewußtseins auf seinen Gegenstand, die sogenannte „Intentionalität", bestimmt wird

– Bewußtsein ist dabei immer Bewußtsein von etwas. Die Erfassung „transzendentaler Phänomene" wird ermöglicht, indem der reale Kontext des Erkenntnisaktes mittels der „phänomenenologischen, transzendentalen Reduktion" eingeklammert wird, um so zu einem „reinen Bewußtsein" zu gelangen. Auf diese Weise sollen die subjektiven und damit potentiell verfälschenden Besonderheiten der Erkenntnis vermieden werden, so daß die besagten „transzendentalen Phänomene" erfaßt werden können. Durch Aneignung der Wahrnehmungserfahrung mittels Wesensschau, Reduktion und „Einklammerung" sollen demnach Welt und Existenz transparent werden (vgl. Rattner 1995: 837).

Innerhalb der Phänomenologie wird Erkenntnis auf Evidenz zurückgeführt, die auf der lebensweltlichen Erfahrung der Subjekte beruht; der Übergang zum „reinen Bewußtsein" erfolgt auf intuitive Weise (vgl. insgesamt auch Rönsch 1978: 571). Die Phänomenologie läßt sich daher auch als „intuitive Bewußtseinsanalyse" (Rattner 1995: 836) beschreiben, die sich den eigentlichen Phänomenen des Bewußtseinslebens widmet, die wiederum als Grundlage jeglicher Welterfahrung, damit auch der wissenschaftlichen Betätigung angesehen werden: „Zu den Sachen!", wie Husserl ausrief (vgl. ebd.). Husserl wandte sich gegen Materialismus und Positivismus, aber auch gegen idealistische Bestrebungen, die dem Geistigen die Vorrangstellung einräumten.

Husserl versteht den Leib als intentionalen Gegenstand, der durch das „transzendentale ego" (Kaulbach : 184) konstituiert wird. Dieses transzendentale Ego ist bedeutungsstiftend insofern, als es allen „Gegenständen", einschließlich des eignen Körpers wie der eigenen empirischen Persönlichkeit, der Kultur und Geschichte, Bedeutung verleiht und diese „als Bedingungen seines empirischen Selbst ‚konstituiert'" (Dreyfus/Rabinow 1987: 17). Ganz allgemein organisiert das transzendentale Ego die Erfahrung.

Leib und Seele bilden nach Husserl die zwei Schichten einer „animalischen Natur", wobei sie sich nicht dualistisch gegenüberstehen, sondern eine Sinneseinheit formieren. Die Prinzipien der Intentionalität bestimmen das Verhältnis von Leib und Seele, wobei die Seele als die fundierte Schicht abhängig ist vom Leib als der fundierenden Schicht. Materielle Wahrnehmung und Leib-Erfahrung als die leibliche Lokalisation der materiellen Wahrnehmung sind Komponenten des Ichlebens und der Seelenzustände. Der Leib ist entsprechend zweifach konstituiert, zum einen als materieller Gegenstand mit physikalischen Eigenschaften wie Wärme und Härte, zum anderen als Sich-in-seinem-Leib-Fühlen, wenn der eigene Leib mit anderen physikalischen Gegenständen in Berührung gelangt. Diese Erscheinung bezeichnet Husserl als „Empfindnisse" (vgl. Dreyfus/Rabinow 1987: 17).

Merleau-Ponty knüpft an Husserls Leibvorstellung an wie auch an dessen Konzeption der „Lebenswelt" als Bezeichnung für die Gegebenheiten der reinen Wahrnehmungswelt, das vorwissenschaftliche, selbstverständlich Vorausgesetzte (vgl. Treibel 1993: 117). Während sich Husserl jedoch auf eine transzendentale Lebenswelt bezieht im Sinne eines „abstraktiv herausgeschälten Weltkerns" (Fischer-Rosenthal 1995: 85) und daher auch von einem transzendentalen Ego als „universal leistende Subjektivität" (ebd.) spricht, ist Merleau-Ponty an der „mundanen", weltlichen Welt interessiert, die sich eben gerade über den Leib erschließt. Für Merleau-Ponty organisiert vielmehr der gelebte Körper denn das transzendentale Ego die Erfahrung. Der Körper wird hier als Gesamtheit von Vermögen angesehen, der eben nicht „den Regeln einer intellektualistischen Analyse nach der Art Husserls" unterliegt (vgl. Dreyfus/Rabinwow 1987: 17 f.). Merleau-Ponty macht den Körper zu einer „doppeldeutigen Entität", die zugleich eine Tatsache ist und alle Tatsachen ermöglicht (vgl. ebd.: 66 f.). Der Zugang zur Lebenswelt erfolgt nicht über theoretische Konstruktionen, sondern sie erschließt sich dem Menschen in alltäglicher Wahrnehmung und Handlung und ist als in diesem Wahrnehmen und Handeln gegeben anzusehen.

Für Merleau-Ponty wie für Husserl ist Wahrnehmung Bewußtsein und vice versa, wobei stets die „Welt", d. h. jene direkt erfahrbare Lebenswelt wahrgenommen wird, in der Subjekt und Objekt als nicht scharf voneinander getrennt zu denken sind. Diese Aufhebung der dualistischen Subjekt-Objekt-Relation wird zum zentralen Charakteristikum der phänomenologisch orientierten Soziologie, der auch Merleau-Ponty zuzuordnen ist, indem das Verhältnis zwischen Mensch und Welt über Erlebens- und Erfahrungswelten zu definieren versucht wird (vgl. Fischer-Rosenthal 1995: 84). Beide Philosophen sind beeinflußt von der gestaltpsychologischen Theorie, deren Entwicklung auf das Ende des 19. Jahrhunderts zurückgeht. Zentral ist in dieser Theorie die Vorstellung, daß Wahrnehmung ganzheitlich und gestalthaft erfolgt und keine Summation von „Empfindungspartikeln" (Rattner 1995: 837) darstellt. Die unvollständige „Wahrnehmungsgestalt" wird dabei imaginativ zu einer Totalität ergänzt, wobei sich „gute Gestalten"[9] herausbilden wollen, die den gesamten Lebensablauf einschließlich der Wahrnehmung, des Denkens, des Wollens und des Sich-Bewegens bestimmen.
Merleau-Ponty geht nun von einem „Zur-Welt-Sein des Menschen" aus, einer „präobjektiven Welterfahrung", in der der Leib sich „an die Welt hingibt" (zit. n. Rattner 1995: 838). In der präreflexiven Erfahrung gibt es keinen Unterschied zwischen dem eigenen Körper und der Welt (vgl. Fischer-Rosenthal 1999: 30). Der Leib ist der „Ankerplatz in der Welt", indem sich um ihn herum eine Situation herausbildet, aus der heraus es dem Menschen möglich ist, andere Menschen und Dinge aus einer bestimmten Perspektive mit den

---

[9] Auch Jürgen Straubs Definition von Identität als "gute Gestalt" rekurriert auf den gestaltpsychologischen Gedanken (vgl. Straub 1998: 92).

Sinnesorganen wahrzunehmen. Hingewiesen sei in diesem Zusammenhang auf Merleau-Pontys Begriff des Eigenleibes, der den *gelebten* Körper im Unterschied zum *physischen* Körper bezeichnet und für das aller menschlichen Wahrnehmung Gemeinsame steht (vgl. Dreyfus/Rabinow 1987: 140). Merleau-Ponty beschreibt transkulturelle, ahistorische Strukturen des Wahrnehmungsfeldes beispielsweise in bezug auf Helligkeits- und Größenkonstanz oder Oben-Unten-Asymmetrie, die invariant, also gesellschaftsunabhängig allen Menschen gemein sind. Daneben gibt es gesellschaftliche Konstanten, wie die Reaktion auf bedeutende Gesten und Gesichtsausdrücke sowie sexuelle Bedeutung, die als Interkorporalität bezeichnet werden und jeweils Strukturen im gelebten Körper entsprechen.

Der Leib ist ein „'Geöffnetsein' zu allem und jedem" und ist durch die Haut nur vermeintlich begrenzt, da er sich eigentlich „bis zum Horizont des Sicht- und Fühlbaren" ausbreitet, wobei sich Leib und das Sicht- und Fühlbare gegenseitig beeinflussen (Rattner 1995: 840). Eine Seele ohne Leib ist demzufolge nicht zur Wahrnehmung fähig. Wenn der Mensch wahrnimmt, sind sein Leib und die Umwelt miteinander verwoben, auch im Handeln verweben sich Leib und Umwelt. Der Leib nimmt die Natur wahr und wohnt zugleich in ihr (vgl. Merleau-Ponty 1973: 126). Am Menschen ist alles zugleich geistig, biologisch und psychisch. Geist meint „Lebenkönnen, die innere und äußere Wendigkeit des Leibes, der sich in die Situation einläßt und in ihr die Arbeit der Enthüllung und Entbergung leistet" (Rattner 1995: 840). Merleau-Ponty faßt die Beseelung des menschlichen Körpers als „Metamorphose des Lebens" (Merleau-Ponty 1973: 127) auf, der Leib ist zugleich als Leib des Geistes aufzufassen.

Leiblichkeit bedeutet zweifaches Sein - „der Leib ist ein Empfundenes und ein ‚Empfindendes', er ist gesehen und sieht sich selbst, er wird berührt und berührt sich" (ebd.). Die Zwischenleiblichkeit, die sich in der Doppelsinnigkeit der Tasterfahrung ausdrückt, „steht zwischen Subjekt und Objekt und ist dem Bewußtsein voraus" (Fischer-Rosenthal 1999: 30). Als sich selbst Sehendes und Berührendes ist der Leib nur seinem „Träger" zugänglich. Field (1978: 256) sieht in der Tatsache der eigenen Körpererfahrung, die nur jedem Menschen für sich zugänglich ist, zugleich ein Verdammnis zum ewigen Getrenntsein von anderen wie ein Garant für die eigene Individualität. Aufgrund der Möglichkeit von Empfindungen, die sich nach Merleau-Ponty durch die Verflechtung des Eigenleibes und des Sinnlichen ergibt, kann der Mensch auch andere Leiber und Menschen sehen und erkennen. Durch die Tatsache, daß ein Mensch sich selber sieht, nimmt das Schema des Eigenleibes zugleich an allen anderen Leibern, die gesehen werden, teil, so daß es zugleich ein „Verzeichnis der allgemeinen Leiblichkeit, ein Entsprechungssystem der Innerlichkeit und der Äußerlichkeit" darstellt (Merleau-Ponty 1973: 127).

Der Leib ist immer schon „draußen bei den Dingen". Tritt das Gegenteil ein, ist der Leib auf sich selbst zurückgeworfen, so handelt es sich um eine „Notsituation", eine Überforderung vom Welterleben. Hier schließt sich eine spezifische Interpretation von Krankheit an, die in manchen Fällen als „Situationsverlust" gedeutet werden kann. Hierin drückt sich der Verlust der Fähigkeit aus, die individuellen Lebensumstände auf je eigene spezifische Weise als sinnhaft zu erleben, so daß der Mensch auf die eigene „umgrenzte Leiblichkeit" zurückfällt. Eine gänzliche Abwendung von allen Situationen würde den „Abbau der seelisch-geistigen Ordnung" bedeuten, der sich im Ausbleiben von Mitleben und „Existenz" ausdrückt. Zurück bliebe nur noch die „physikalische Ordnung", so daß der Leib, der „eine Welt hat" auf einen nur noch „innerweltlichen" Körper reduziert würde (zit. n. Rattner 1995: 841).

2 Körper und Leib

Der menschliche Leib ist schließlich als Kunstwerk mit Gestaltqualitäten anzusehen. Er ist eben keine „Körpermaschine" (Rattner 1995: 838), kein Werkzeug – „corps-instrument" -, das durch steuerndes Denken – „pensée-pilote" – reguliert wird oder als ein „Ding" auf irgendeine Weise zu Selbstbewußtsein gelangt (vgl. Merleau-Ponty 1973: 127), sondern ist empfundenes und empfindendes Sein. Er zeichnet sich also durch zweifaches Sein, nicht durch zwei einander untergeordnete „Naturen" aus. Leib meint nach Merleau-Ponty „inkarniertes Subjekt", er ist im Ich integriert. Über den Leib erschließen sich dem Menschen andere Menschen und Dinge. Der Leib ist Sinnsucher, -gestalter und -erfinder. Der Mensch erlebt, entwickelt und entfaltet Sinn durch sein „Im-Leib-Sein" und „Zur-Welt-Sein". In der weltoffenen Leiblichkeit ist das Sein (vgl. insgesamt auch Rattner 1995: 830 ff.).

Merleau-Pontys Leibphilosophie ist damit ein postcartesianischer Ansatz, da in der beschriebenen Zwischenleiblichkeit und dem Zur-Welt-Sein die Trennung zwischen Geist und Körper, *res cogitans* und *res extensa*, aufgehoben ist. Das „Fleisch" ist weder Materie noch Geist, noch Substanz, sondern „formendes Milieu für Subjekt und Objekt", das nie an einem einzigen Ort seinen Platz hat: „[...] man kann zwar von meinem Leib sagen, er sei nicht *anderswo*, aber man kann nicht sagen, er sei *hier* oder *jetzt* im Sinne gewöhnlicher Gegenstände" (Merleau-Ponty 1986, zit. in Fischer-Rosenthal 1999: 30 f., kursiv dort).

2.3.2 Hellmuth Plessners philosophische Anthropologie

Hellmuth Plessners (1892 - 1985) philosophische Anthropologie[10] greift mit seinem Theorem der „exzentrischen Positionalität" die doppelte Erlebnisdimension des Menschen im Hinblick auf sein leibliches Sein auf. Der Ausdruck Positionalität bezeichnet dabei den Umweltbezug lebender Organismen (vgl. Lindemann 1992: 334 f.). Im Gegensatz zur „zentrischen Positionalität" tierischer Umwelterfahrung, in der das leibliche Selbst als „Hier-Jetztpunkt" nicht relativierbar und unmittelbar auf die Umwelt bezogen ist und die Umwelt als „konzentrisch auf das leibliche Selbst bezogen" (ebd.) erfahren wird, steht die exzentrische Positionalität menschlichen Umweltbezugs.

Hier erlebt das leibliche Selbst nicht nur die Umwelt, auf die es handelnd gerichtet ist, sondern es erlebt zugleich sein eigenes Erleben dieser Umwelt. Der Mensch „lebt und erlebt nicht nur, sondern er erlebt sein Erleben" (Plessner 1965: 292). Die Exzentrizität der menschlichen Position stellt auch den „'Anlaß' zur Kultur" dar (ebd.: 316). „Kultivierung" ist deshalb vonnöten, weil die exzentrische Form der menschlichen Existenz im Menschen Bedürfnisse weckt, die nur durch ein „System künstlicher Objekte" befriedigt werden können (ebd.: 341).

Plessners Theorie der exzentrischen Positionalität des Menschen beruht auf drei „Gesetzen", die der Gebrochenheit der menschlichen Existenz Rechnung tragen: dem Gesetz der *natürlichen Künstlichkeit*, dem Gesetz der *vermittelten Unmittelbarkeit* und

---

[10] Innerhalb der philosophischen Anthropologie wurden Modelle zur Wechselbeziehung von (geistigen) Bewußtseinsfunktionen und physiologischer Ausstattung entwickelt. Der auf die Antike zurückzuführende Körper-Geist-Dualismus wird hier dennoch aufrechterhalten (vgl. Hofmann 1999: 18).

schließlich dem Gesetz der *konstitutiven Wurzellosigkeit*[11] (vgl. Fischer-Rosenthal 1999: 31 f.; Plessner 1965: 309 ff.). Den Menschen zeichnet eine *natürliche Künstlichkeit* aus, denn „als exzentrisch organisiertes Wesen muß er sich zu dem, was er schon ist, erst machen" (Plessner 1965: 309). Das gilt auch für seine Leiblichkeit – Sinnestätigkeit und Körperschema, die Wahrnehmung des eigenen Leibes wie die Fremdwahrnehmung sind unabhängig von den biologischen Gegebenheiten sozial erworben (vgl. Fischer-Rosenthal 1999: 31 f.). Es ergibt sich schließlich ein komplexes Verhältnis von Körper und Leib, von Plessner als Verschränkung bezeichnet (vgl. Plessner 1976: 194 ff.; Lindemann 1992: 334), da sowohl „zum Umweltbezug des leiblichen Selbst" als auch „zur eigenen leiblichen Zuständlichkeit" (Lindemann 1992: 334) – Zuständlichkeit ist hier im Sinne von Zustand zu begreifen – eine Distanz entsteht: „Das Selbst ist eine positionale Mitte und zugleich aus dieser herausgesetzt, es ist Leib und erlebt zugleich, daß es diesen als seinen Körper hat" (Lindemann 1992: 334 f.; vgl. auch Plessner 1965: 289 ff.).

Das *Gesetz der vermittelten Unmittelbarkeit* betont die indirekt-direkte Beziehung, in der das „Lebenssubjekt" mit allem steht (vgl. Plessner 1965: 324). Es ergibt sich eine paradoxe Situation für den Menschen, da zwischen ihm und seinem Umfeld eine durch ihn selbst vermittelte Beziehung besteht: Der Mensch „steht im Zentrum seines Stehens. Er bildet den Punkt der Vermittlung zwischen ihm und dem Umfeld und er ist in diesen Punkt gesetzt, er steht in ihm" (ebd.: 325, Hervorhebung im Original). Seine Existenz erscheint paradox, ja „irre", denn durch seine exzentrische Position ist seine Beziehung zu anderen Dingen zwar eine indirekte, wird von ihm aber als direkte, unmittelbare Beziehung gelebt: „er weiß von

---

[11] Nach dem *Gesetz des utopischen Standorts* „ist es dem Menschen nicht gegeben, zu wissen, ‚wo' er und die seiner Exzentrizität entsprechende Wirklichkeit steht" (Plessner 1965: 342).

der Indirektheit seiner Beziehung, sie ist ihm als mittelbare gegeben" (ebd.).

Daß der Mensch, der im Zentrum der Vermittlung steht, diese Beziehung als eine einzige erlebt, und nicht als zwei verschiedene Beziehungen zur Außenwelt, nämlich einer direkten und einer indirekten, ist auf seine *Identität* zurückzuführen. Identität im Sinne von „mit sich als identisch angenommen werden", muß vollzogen werden als ein „sich selber Setzen", das das Lebenssubjekt als Ich konstituiert (ebd.). Der Mensch ist demnach „'sich selber' nicht mehr verborgen, er weiß von ihm, daß er mit ihm, welcher weiß, identisch ist" (ebd.: 326). So steht er in *einer* Beziehung, nämlich der indirekt-direkten oder vermittelt-unmittelbaren, zu den Dingen. Der Mensch steht somit „im Punkte der Vermittlung" zu seinem Umfeld, bildet diese Vermittlung, und ist sich gleichzeitig dieser Vermittlung bewußt, indem er sich selbst bewußt ist. Er steht also daneben, ohne seine „vermittelnde Zentralität" (ebd.: 325) zu verlieren.

Plessner stellt heraus, daß der Mensch alles als Bewußtseinsinhalt erfährt:

> Weil der Mensch exzentrisch organisiert und damit hinter sich gekommen ist, lebt er in Abhebung von allem, was er und was um ihn ist. In doppelter Abhebung vom eignen Leibe, in die Mitte seiner Position gestellt und nicht wie das Tier aus dieser Mitte einfach heraus lebend, weiß der Mensch von sich als Seele und Körper, von anderen Personen, Lebewesen und Dingen unmittelbar nur als von Erscheinungen bzw. Bewußtseinsinhalten und vermittels ihrer von den erscheinenden Realitäten.
> (Plessner 1965: 328)

Die scharfe Subjekt-Objekt-Trennung ist aufgehoben; der Mensch wird schließlich als Subjekt „getilgt". Die Konstitution des Objekts ist ein leiblicher Vorgang (vgl. Fischer-Rosenthal 1999: 31):

> Denn er selbst, das Subjekt, welches hinter (über) sich steht, bildet die Vermittlung zwischen sich und dem Objekt, damit er von dem Objekt weiß. Genauer: das Wissen vom Objekt ist die Vermittlung zwischen sich und ihm. So tilgt die Vermittlung im Vollzug ihn, den Menschen, als das hinter sich stehende vermittelnde Subjekt, es vergißt sich (er vergißt sich nicht!) [...].
> (Plessner 1965: 328, Hevorhebung im Original)

2.3.3 Alfred Schütz' Strukturierung der Lebenswelt

Neben Maurice Merleau-Ponty und Helmuth Plessner sei hier noch auf einen weiteren postcartesianischen Ansatz hingewiesen, nämlich auf Alfred Schütz' Ausführungen zur Strukturierung der Lebenswelt (vgl. Fischer-Rosenthal 1999: 29 f.). Auch Schütz (1899 - 1959), der als Begründer der soziologischen Phänomenologie gilt, geht davon aus, daß die Lebenswelt des Alltags keine private, sondern eine soziale ist. Damit baut er wie Mead und Husserl auf dem Grundgedanken der Intersubjektivität auf, wonach die Welterfahrung eines Individuums untrennbar mit seiner Gemeinschaftserfahrung verbunden ist (vgl. Treibel 1994: 117 ff.). Die Lebenswelt ist nicht einfach existent, sondern muß ausgelegt werden. Sinn erfährt der Mensch dabei durch die Auslegung und Verwertung vergangener Ereignisse. Im Mittelpunkt des Interesses stehen hier die Mittel, mit denen die Strukturen der Lebenswelt ausgelegt werden. Schütz benennt drei Verfahren, auf denen die Auslegung der Lebenswelt beruht, nämlich „Wissensvorräte", „Erfahrungen" und „Typisierungen".

Schütz zeigt die Strukturierung der Lebenswelt anhand der geschichtlichen und damit auch biographischen „Situation des Egos" (Fischer-Rosenthal 1999: 29) auf, das sich räumlich um den Leib orientiert. Der eigene Leib und dessen „habituelles Funktionieren" ist nach Schütz für jeden von uns „der erste fraglos gegebene Erfahrungskomplex", die entscheidende Erfahrung, auf der die „Strukturierung der Welt außer Frage" beruht (Schütz 1971: 214).

Der uns umgebende Raum erschließt sich also über unseren Leib, und der leiblich erfahrene Raum ist erst einmal Orientierungsraum. Der Leib ist darin als „Nullpunkt des Koordinatensystems" (Schütz 1971: 215) anzusehen, das zur Einteilung der uns umgebenden Dinge in rechts/links, oben/unten und vorn/hinten dient – „Wo ich bin – das heißt der Platz meines Leibes im äußeren Raum – ist ‚hier'; alles andere ist ‚dort'" (ebd.). Schütz schließt sich den leibphilosophischen Theoretikern an, wenn er betont, daß der Leib für den Menschen der „privilegierte Gegenstand in dieser Welt" ist (ebd.: 213), da er in jedem Augenblick des bewußten Lebens dem Menschen präsent ist. Der Leib ist jedoch nicht nur „Träger" der Wahrnehmungsorgane, „Vehikel" der Bewegungen und „Instrument", mit dem in der Außenwelt agiert wird – Außenweltsveränderungen durch Körperbewegungen werden als „Wirken" bezeichnet –, sondern er ist vielmehr die Form, in der sich das eigene Selbst in der Außenwelt manifestiert: „Ich *bin* mein Leib und meine sinnlichen Wahrnehmungen. Ich *bin* meine Hand, die diesen oder jenen Gegenstand erfaßt" (ebd., kursiv im Original).

Mit „Leib" meint Schütz also „fundamentale Kategorien der räumlichen und sozialen Situierung, der intersubjektiven Wahrnehmung des anderen im Schema meines Leibes" (Fischer-Rosenthal 1999:

30). Fischer-Rosenthal weist u. a. auf Forschungen zum Körperschema hin, aus denen hervorgeht, daß wir den anderen nicht nur im Schema unseres Leibes, sondern uns selber auch im Schema der Leiblichkeit unserer signifikanten Anderen wahrnehmen. Auch dies trägt auch zur Entwicklung unserer Kategorien der Raum- und Zeiterfassung bei. Das Körperschema wird zur „Wirklichkeitsbedingung" (vgl. Dreyfus/Rabinow 1987: 119).

3 Vorstellung ausgewählter Identitätstheorien unter Berücksichtigung der Körper-/Leib-Thematik

3.1 Vorbemerkungen

Im folgenden sollen nun Identitätstheorien in ihrer historischen Entwicklung und epochenspezifischen Besonderheit vorgestellt werden, wobei der Einbeziehung der Körper-/Leib-Thematik besondere Beachtung geschenkt wird. Die Identitätsdebatten werden gemäß der Abfolge ihrer historische Entwicklung drei Paradigmen zugeordnet, die sich sich an der von Marion Schmaus im „Metzler-Lexikon Kultur der Gegenwart" vorgenommenen Einteilung orientieren (vgl. Schmaus 2000: 213 ff.).

Zunächst werden die klassischen sozialwissenschaftlichen Identitätstheorien berücksichtigt, die dem „sozialpsychologischen Paradigma" zuzuordnen sind, das um die Wende zum 20. Jahrhundert seinen Ausgangspunkt nimmt. Hier steht die Identität des Menschen im Sinne der ursprünglichen Wortbedeutung des spätlateinischen Wortes „identitas", nämlich „Wesenseinheit", im Vordergrund (vgl. Etymologisches Wörterbuch des Deutschen). Zwei weitere Derivate des Begriffs „identitas" aus dem 18. Jahrhundert, nämlich das Adjektiv „identisch" als „völlig gleich, übereinstimmend" sowie das Verb „identifizieren" als „die Identität feststellen, einander gleichsetzen" sind ebenso kennzeichnend für den Identitätsbegriff des sozialpsychologischen Paradigmas, der um Faktoren wie „Kontinuität" und „Kohärenz" zu erweitern ist.

Das sich Mitte des 20. Jahrhunderts anschließende „Paradigma der Postmoderne" zeichnet sich durch Kritik am „identifizierenden Denken" innerhalb des sozialpsychologischen Paradigmas aus – Differenz, das Fremde und das Andere stehen hier im Vordergrund im

Gegensatz zu einer als zwanghaft empfundenen Identität. Das „kulturwissenschaftliche Paradigma der ‚Post-Postmoderne' der 1990er Jahre" wendet sich schließlich vollends von geschlossenen Identitätskonzeptionen ab und stellt Wandlungsfähigkeit, Instabilität und Diskontinuität in das Zentrum von Identität.

Die unterschiedlichen theoretischen Rahmen, die diesen drei Paradigmen zugrunde liegen, haben schließlich differierende Subjektbegriffe zur Folge. Diese führen von der Vorstellung des „konkreten Menschen im Hier und Jetzt" innerhalb des sozialpsychologischen Paradigmas zum „diskursiven Subjekt" innerhalb des postmodernen und kulturwissenschaftlichen Paradigmas, wobei hier die Vorstellung, daß Sprache und Realität sich sozusagen „ko-konstituieren", im Vordergrund steht. Analog findet eine Verlagerung des Körperbegriffs statt, der vom "materiellen Körper" des "konkreten Menschen" bis hin zu dem auf sprachlichen Zuschreibungsprozessen fußenden "semiotischen Körper" des "diskursiven Subjekts" reicht.

Es sei vorangestellt, daß der Körpers als identitätsstiftendes und -ausdrückendes Moment menschlichen Seins in den sozialpsychologischen Identitätskonzeptionen vernachlässig wird, was sich nicht zuletzt aus der Vormachtstellung des „Geistes" in den philosophischen Ursprüngen des Identitätsbegriffs erklären läßt. Erst in den postmodernen und kulturwissenschaftlichen Konzeptionen wird dem Körper ein anderer Stellenwert in der Identitätsdiskussion eingeräumt.

3.2 Identitätstheorien des sozialpsychologischen Paradigmas

3.2.1 Der sozialpsychologische Identitätsbegriff

Die sozialpsychologische Auseinandersetzung über Identität hat den Begriff der Ich- Identität hervorgebracht. Gemeint ist damit die Identifizierbarkeit einer Person in synchronen und diachronen Zusammenhängen, also im Laufe der Zeit und in der Vielfalt der Lebenszusammenhänge zu einem gegebenen Zeitpunkt. Dabei geht es um Fragen der Kohärenz, Stabilität, Handlungsfähigkeit und Autonomie (vgl. Schmaus 2000: 214). Dieser Identitätsbegriff umfaßt das Verhältnis zwischen „individuellem Anspruch auf ein bestimmtes Selbstkonzept und dessen sozialer Anerkennung bzw. Realisierung" (Huber/Krainz 1987: 474).

Die theoretische Problematik der Ich-Identität ist auf rollentheoretische Überlegungen und Schwierigkeiten zurückzuführen, nämlich auf die Unmöglichkeit, innerhalb des eng gesteckten Rahmens rollentheoretischer Grundannahmen zu erklären, wie eine Person die Vielzahl der ihr zugemuteten Rollen zu einem „zwar differenzierten, aber noch konsistenten Ich" integriert (Dubiel 1976: 148). Der sozialpsychologische Identitätsbegriff ist demnach in theoretischer Hinsicht in Reaktion auf die „Aporien der Rollentheorie" entstanden (vgl. ebd.; Schmaus 2000: 214). Die Einbeziehung psychoanalytischer Theorieelemente stellte einen neuen Lösungsansatz im Hinblick auf diese Problemlage dar, so daß innerhalb des sozialpsychologischen Paradigmas auch auf die Psychoanalyse Siegmund Freuds (1856 – 1939) rekurriert wird (vgl. ebd.).

Schließlich geht der sozialpsychologische Identitätsbegriff wesentlich auf die pragmatische Psychologie William James' (1842 - 1910) Ende des 19. Jahrundets zurück, der verschiedene Bedeutungen des „Selbst" einführte, um zwischen der Anerkennung eines Individuums von außen, dem eigenen Selbstverhältnis sowie der menschlichen Vorstellung von Selbigkeit über unterschiedliche Zustände und Phasen hinweg zu unterscheiden. Das Selbst wird schließlich zum zentralen Begriff in der sozialwissenschaftlichen Identitätstheorie (vgl. Platta 1998: 60; Henrich 1979: 134).

In diesem Zusammenhang sei noch einmal auf die individuelle Innen- und die gesellschaftliche Außenperspektive hingewiesen, die in der sozialpsychologischen Identitätskonzeption zusammenfallen und erst ein umfassendes Bild von Identität ermöglichen. Identität als Innenperspektive meint dabei, daß eine Person sich selbst identifiziert, Subjekt und Objekt der Identifizierung liegen in ein- und derselben Person. Die Außenperspektive der Identität ergibt sich durch Fremdidentifizierung, Subjekt und Objekt der Identifizierung sind getrennt, einer Person wird von Außen durch Statuszuweisung Identität zugeschrieben[12] (vgl. auch Frey/Haußer 1987: 3 ff.).

Selbstidentifikation, Selbstreflexion und Selbsterkenntnis stehen schließlich im Zentrum des sozialpsychologischen Identitätsbegriffs. Identität gilt schließlich in den Sozialwissenschaften sogar „als notwendige Voraussetzung für die Handlungsfähigkeit des einzelnen in der Gesellschaft" (Frey/Haußer 1987: 6), da Gesellschaften, basierend auf „überdauernden Interaktionsbeziehungen", nur möglich sind, wenn die einzelnen Mitglieder zur Selbst- und Fremderkenntnis fähig sind, also wissen, wer sie selbst und die anderen

---

[12] Die Identität aus der Außenperspektive ist insbesondere Gegenstand der Soziologie, in der Identität oftmals mit Status gleichgesetzt wird. Ein bekanntes Beispiel ist der in diesem Sinne von Erving Goffman verwendete Terminus „Soziale Identität" (vgl. Frey/Haußer 1987: 5 f.).

sind. Zentral ist dabei die Fähigkeit des Menschen, „sich selbst zum Gegenstand seiner Bewußtseinsprozesse zu machen" (ebd.: 3), wobei das Bild einer einzelnen Person von sich selbst von den bislang aus seiner Umwelt gewonnenen Erfahrungen über die eigene Person abhängt (vgl. ebd.: 6). Das Phänomen der Selbstreflexivität ist eine „humanspezifische Grundtatsache"[13] (Frey/Haußer 1987: 5) und zugleich Ausgangspunkt der auf die Identität von Personen bezogenen Theorien. Die Möglichkeit, menschliche Identität als „konstantes Muster von Verhalten und Selbstinterpretation dieses Verhaltens" zu definieren, wird als Folge der Sprachbegabung des Menschen angesehen, die sich in der Sprachgemeinschaft entwickelt (vgl. Henrich 1979: 134; Frey/Haußer 1987: 6 f.).

Die Vorstellung von der Aufspaltung einer Person in ein existierendes Subjekt und gleichzeitig sich dabei wahrnehmendes Objekt (vgl. Platta 1998: 59) bildet schließlich die theoretische Ausgangsbasis der sozialpsychologischen Identitätsdebatte. William James ent-

---

[13] So verweist beispielsweise Georg Simmel auf die für die Entwicklung von Scham entscheidende Fähigkeit des Menschen sich „selbst in ein beobachtendes und ein beobachtetes Teil-Ich" (Simmel 1901, zit. n. Schorn 2000: 14) zu spalten. Diese Fähigkeit, sich selbst zum Objekt der Anschauung und Beurteilung zu machen, sich selbst also gleichsam von außen zu betrachten, setzt in der menschlichen Entwicklung ab dem zweiten Lebensjahr ein und ist eng mit dem sich ausdifferenzierenden Körperbild verbunden.

Schließlich betont auch Norbert Elias diese besondere Fähigkeit des Sich-selbst-zum-Objekt-Machens und schließt daraus, daß demzufolge „Menschen von sich selbst oft ein eigentümlich gespaltenes Bild haben" (Elias 1987: 251), da sie oft zwischen sich selbst als Betrachtendem und sich selbst als Betrachtetem unterscheiden, als ob es sich um zwei Wesen handelte. So sei der Ausdruck „mein Körper" Zeichen für die Betrachtung der eigenen Person als Gegenstand; ein Begriff wie „meine Person" hingegen verweise auf sich selbst in der Eigenschaft eines Wesens, das sich aus der Distanz betrachten könne. Der Ausdruck „mein Körper" erwecke den Anschein, daß die eigene Person außerhalb dieses Körpers existiere und diesen zusätzlich, wie ein Kleid, erworben habe (vgl. ebd.: 251 f.).

wickelte Termini für die Unterscheidung zwischen dem in einer Person vereinten Subjekt und Objekt der Reflexion mit dem reflektierenden Subjekt oder „Pure Ego", „reines Selbst", und dem reflektierten Objekt als „empirisches Ich" oder „Me", die letztlich auf Leibniz und Kant zurückgehen (vgl. Frey/Haußer 1987: 6). George Herbert Mead (1863 – 1931) greift in seiner symbolisch-interaktionistischen Identitätstheorie diese Unterscheidung mit den von ihm gewählten Begrifflichkeiten „I" und „Me" auf, die schließlich zentrales Kriterium der sozialpsychologischen Identitätskonzeption bleibt.

Hier sei noch kurz auf die philosophischen Ursprünge des sozialpsychologischen Identitätsbegriffs hingewiesen (vgl. Henrich 1979: 137 ff.), die letztlich die Vernachlässigung der Kategorie "Körper" auch in modernen Identitätsdebatten vorbereiten. Das Problem der (Selbst-)Identifikation innerhalb des sozialpsychologischen Identitätsparadigmas geht auf die Philosophie Immanuel Kants (1724 - 1804) zurück, der dem Subjekt einen Identitätssinn zusprach:

> Im Bewußtsein von uns als denkendem Subjekt wissen wir dieses Subjekt als 'dasselbe' in allen seinen Gedanken, die ihrerseits voneinander verschieden sind.
> (Kant, zit. n. Henrich 1979: 138)

Kants Feststellung eines Identitätssinnes in bezug auf das Bewußtsein denkender Subjekte brachte ihn in theoretische Nähe zur angelsächsischen Identitätsdebatte, die mit Thomas Hobbes (1588 - 1679), John Locke (1632 - 1704) und David Hume (1711 - 1776) von Philosophen dominiert wurde, deren Gedankengut in vielfältiger Weise zur Grundlage der späteren Entwicklung soziologischer Theorien wurde. Thomas Hobbes' und John Lockes Vorstellungen von der menschlichen Identitätsbestimmung zeichnen sich dabei durch die vollständige Bedeutungslosigkeit des Körpers im Hinblick auf die Vorstellung von Selbigkeit einer Person sowie die Loslösung des Körpers von Bewußtseinsprozessen aus. Identität wird hier als von jeglicher Substanz losgelöst aufgefaßt. Ein Mensch kann nach Hobbes demnach derselbe bleiben,

> [...] solange seine Gedanken und Handlungen aus denselben Gründen hervorgehen, wenn auch der Stoffwechsel zum vollständigen Austausch aller Materie in seinem Körper führt und wenn die Körperform sich gänzlich ändert [...]
> (Henrich 1979: 139)

John Locke stellte schließlich fest,

> [...] daß wir eine Person dann als dieselbe auffassen, wenn sie sich ihrer früheren Zustände erinnern kann, - ganz gleich, welche Körperform oder welche Kräfte ihr zuzusprechen sind. Was sich im Leben einer Person durchhält, ist nur eine Weise, in der Vorstellungen auf andere Vorstellungen bezogen sind - ein Relationssystem im Bewußtsein.
> (Henrich 1979: 139)

3.2.2 George Herbert Meads symbolisch-interaktionistische Identitätstheorie

3.2.2.1 Darstellung der Theorie

Im Rahmen der Theorie des Symbolischen Interaktionismus, die auf George Herbert Mead zurückgeht, wird der Mensch hinsichtlich seiner geistig-seelischen Existenz ausschließlich als soziales Wesen betrachtet, d. h., er unterliegt grundsätzlich sozialer Determination, eine von sozialen Prozessen autonome Entwicklung ist ausgeschlossen (vgl. Haeberlin/Niklaus 1978: 16). Zugrunde liegt hier die Vorstellung, daß sich Verhalten und Bewußtsein von Individuen aus dem sozialen Prozeß heraus erklären lassen. Der soziale Prozeß ist durch aufeinander bezogene Handlungsmuster strukturiert, die den Individuen durch Sprache vermittelt sind. Diese internalisierten Handlungsmuster ermöglichen dem Individuum, in sich selbst jene Reaktionen hervorzurufen, die sein Handeln im Interaktionspartner hervorruft. Diese in sich selbst hervorgerufenen Reaktionen werden vom Individuum zur Kontrolle seines eigenen Verhaltens eingesetzt. Dieser Prozeß stellt die Grundannahmen der soziologisch-sozialpsychologischen Schule des Symbolischen Interaktionismus dar (vgl. Bisler 1978: 353 f.).

Mit „Sprache" ist hier vor allem die Verwendung signifikanter sprachlicher Symbole gemeint. Die den Kommunikationsprozeß tragenden Gesten werden dann zu signifikanten Symbolen, wenn ihre Bedeutung in der jeweiligen Bezugsgruppe (relativ) eindeutig definiert ist. Eine Geste ist dann ein signifikantes Symbol, wenn sie bei der agierenden Person, die die Geste einsetzt, dieselben Reaktionen hervorruft, die sie bei der reagierenden Person auslöst bzw. auslösen soll (vgl. Haeberlin/Niklaus 1978: 21; Mead 1973: 86). Sprache stellt dabei das zentrale System signifikanter Symbole dar und bildet aus dieser Perspektive zugleich die Grundlage menschlichen Bewußtseins sowie reflektiv-intelligenter Handlung.

Identität, nach Mead das „self", ergibt sich nun aus dem Zusammenspiel von internalisierten Fremderwartungen einerseits und der spontanen individuellen Reaktion des Individuums andererseits, die Mead auf zwei Seiten des „Ich" verteilt: „Me" und „I". Von Bedeutung ist in diesem Zusammenhang auch der „Generalized Other" als Repräsentant der Gesellschaft im Individuum, in dem situativ relevante Normen und Werte der Gesellschaft enthalten sind. Das Zusammenspiel zwischen „I", „Me" und „Generalized Other" in Meads Identitätskonzeption des „Self" soll im folgenden erläutert werden. Identität kann ein Individuum nach Mead erst über den „Umweg" über andere gewinnen, indem es sich erst mit den Augen der anderen sehen muß, um sich seiner eigenen Identität bewußt zu werden. Dies geschieht durch Rollenübernahme (*taking the role of the other*), indem durch die Übernahme der Rolle anderer ein Besinnen auf sich selbst erfolgt. Rollenübernahme meint hier nicht die Einnahme einer bestimmten Stellung in einem sozialen Gefüge, sondern die Antizipation des Verhaltens der anderen Person (vgl. Dreitzel 1980: 54).

Voraussetzung für Identität, Meads „self", ist demnach jene reflexive Fähigkeit des Subjekts, sich zu sich selbst wie zu einer anderen Person zu verhalten. Dies wird vor allem durch Sprache ermöglicht: Durch Sprechen zu anderen löst das Individuum eben jene Haltungen bei sich selbst aus, die es bei den Interaktionspartnern auslöst bzw. auslösen möchte: „Sinnvolle Sprache besteht aus jenen vokalen Gesten, die dazu neigen, im Einzelnen die auch beim anderen ausgelösten Haltungen hervorzurufen" (Mead 1973: 203). Identität und Interaktion stehen in Meads Identitätskonzeption in einem ständigen Austauschprozeß, der in frühen Sozialisationsprozessen beginnt, indem das Kind spielerisch in seiner Phantasie die Rollen wichtiger Bezugspersonen übernimmt. Diese Bezugspersonen werden von Mead als signifikante Andere bezeichnet. Das Rollenspiel weitet sich aus, indem das Kind lernt, sich nicht nur an einfachen, sondern organisierten Rollen zu orientieren, d. h. zahlreiche Rollen zu beachten und diese innerhalb seiner Person zu koordinieren und zu repräsentieren.

Identitätsentwicklung verläuft dabei in zwei Stadien. Zunächst werden die Rollen signifikanter Anderer, d. h. konkreter Interaktionspartner, im kindlichen Spiel übernommen. Im zweiten Stadium werden nicht nur einzelne Rollen übernommen, sondern es erfolgt eine Identifikation mit allen anderen an einer gemeinsamen Aktivität beteiligten Personen. Die Übernahme von Rollen wird verallgemeinert, es kommt zur Übernahme der Haltung des „verallgemeinerten Anderen" oder „Generalized Other".

Für erfolgreiches Handeln müssen im Laufe des Sozialisationsprozesses daher folgende Schritte erlernt werden: Die an an einer Interaktion beteiligten Rollen müssen in der eigenen Person durch Rollenübernahme repräsentiert werden. Die Haltungen der Interaktionspartner sowie die eigene Haltung ihnen gegenüber sind in einem nächsten Schritt zu einem Ganzen zu organisieren. Dies geschieht, indem von dem konkreten Handeln der einzelnen Personen abstrahiert wird. Auf diese Weise verdeutlicht sich das Individuum das Prinzip des Handelns aller Beteiligten. Dieses Prinzip des Handelns, nach dem sich alle an einer Interaktionssituation Beteiligten orientieren, nennt Mead den „generalisierten Anderen" (*Generalized Other*) (vgl. Abels 1998: 26 ff.).

Der generalisierte Andere bezeichnet das Bild, das in einer Gesellschaft über eine bestimmte Rolle oder sozialen Zusammenhang besteht. Im generalisierten Anderen ist die Summe der generellen Haltungen vereint, die in einer konkreten Situation von allen Handelnden erwartet wird. Der generalisierte Andere als Summe der generellen Erwartungen aller repräsentiert die in einer bestimmten Situation oder Rolle relevanten Normen und Werte der Gesellschaft und ist zugleich Repräsentant der Gesellschaft im Individuum. Der generalisierte Andere als Instanz internalisierter Verhaltenserwartungen ist dabei selbst in Abwesenheit anderer Personen für das Individuum verhaltensleitend, so daß er sowohl mit Selbstkontrolle wie mit sozialer Kontrolle eng verbunden ist. Gesellschaft wiederum ist der umfassende generalisierte Andere (vgl. ebd.: 35). Die Vorstellung eines handlungsleitenden Repräsentanten der Gesellschaft im Individuum findet sich bereits in der schottischen Moralphilosophie bei Adam Smith (1723 - 1790), dort als "man within" oder "inhabitant of the breast" bezeichnet (Schmieder 2001: 28; vgl. auch Kerber/Schmieder 1991: 359 f.).

Die Einzigartigkeit der Identität von Individuen erklärt Mead mit deren Aktivität, die zum einen aus dem Inneren der Menschen resultiert, sich zum anderen in der Auseinandersetzung mit der Gesellschaft entwickelt und sich auf zwei Seiten des „Ich" verteilt: „I" und „Me". Mit „Me" bezeichnet Mead denjenigen Teil des Ich, der aus der Übernahme der Identifikationen durch andere entsteht und widerspiegelt, wie die Person von anderen gesehen wird. Me ist das reflektierte Ich, das die in Sozialisationsprozessen erworbenen, organisierten Werthaltungen umfaßt. Das „Me" konstituiert sich aus den Kenntnissen, die ein Subjekt über sich selbst in den Prozessen der Rollenübernahme erworben hat. Im „Me" drückt sich der Anteil zugewiesener Identität aus, es repräsentiert die gesellschaftliche Dimension der Identität. Es enthält die internalisierten Haltungen der anderen gegenüber dem Individuum, so daß sich im „Me" die Kontrolle des generalisierten Anderen in Form von Selbst- und sozialer Kontrolle ausdrückt. Das „Me" resultiert aus der Summe der Erwartungen des „generalisierten Anderen" und ist insofern mit Freuds Kontrollinstanz des „Über-Ich" vergleichbar (vgl. ebd.: 34 f.).

Durch die in Sozialisationsprozessen gemachten (ständig) neuen Erfahrungen kommt es zu neuen Identifikationen durch andere und demzufolge zu neuen Selbstidentifikationen, so daß es zur Ausbildung zahlreicher, differenzierter und auch widersprüchlicher reflektierter Ichs „Me's" kommt. Das sich in unterschiedlichen Interaktionsbeziehungen herausbildende System reflektierter Ichs ist nicht starr und homogen, sondern in ständiger Bewegung. Dieser Vielzahl von „Me's" steht jedoch nur ein einziges impulsives Ich „I" gegenüber, das auf die zahlreichen reflektierten Ichs („Me's") widerständig und verändernd reagiert. Die reflektierten Ichs stellen wiederum eine ständige soziale Kontrolle des spontanen Ichs dar. Dieses spontane, impulsive Ich „I" stellt die Instanz für Kreativität und Spontaneität dar. In diesem „I" kommt die Einmaligkeit der Person zum Ausdruck, auf eigene spezifische, nämlich einmalige Weise auf soziale Situationen zu reagieren (vgl. Haeberlin/Niklaus 1978: 25).

Das „I" ist vorsozial und unbewußt, sinnliche und körperliche Bedürfnisse kommen in ihm spontan zum Ausdruck. Dieses impulsive Ich ist nie ganz zu sozialisieren und tendiert dazu, die am generalisierten Anderen orientierte Selbstdisziplinierung des Individuums aufzuheben. In diesem Sinne ist es mit Freuds Konzeption des „Es" vergleichbar, jedoch betont Mead die konstruktive und kreative Funktion jener spontanen Energie für soziale Situationen. Dieses impulsive Ich wird biologisch mit einem „konstitutionellen Antriebsüberschuß" (Abels 1998: 34) begründet und läßt sich nicht aus Interaktionserfahrungen erklären. Das „Me" als reflektiertes Ich geht jedoch dem „I" voran, indem es die Darstellungsformen vorgibt, in denen sich das „I" äußert: Das „Me" ist „jene Gruppe organisierter Haltungen [...], auf die der Einzelne als ‚Ich' reagiert" (Mead 1973: 230). Das Me gibt dem I die Form (vgl. ebd.: 253). Durch die Übernahme der Haltungen anderer entwickelt sich eine Identität, auf die das I reagiert (vgl. ebd.: 217). Die Struktur der Identität ist demnach gesellschaftlich vorgegeben.

Hierin drückt sich das Grundprinzip dieser Identitätskonzeption aus, nämlich daß sich die Person bildet, indem sie Fremderwartungen internalisiert. Identität, nach Mead das „self", entsteht nun aus dem Zusammenspiel zwischen „I" und „Me" als einem ständigen Dialog, in dem das Individuum mit den beiden Instanzen seiner Persönlichkeit kommuniziert. Spontanes Ich und reflektiertes Ich müssen dazu in einer typischen Art dauerhaft vermittelt werden. Identität ist dann gelungen, wenn eine gleichgewichtige Spannung zwischen beiden

Seiten des Ich besteht. Voraussetzung für Identität ist, daß die unterschiedlichen reflektierten Ichs zu einem einheitlichen Selbstbild synthetisiert werden. Dazu ist Reflexivität bzw. ein reflexives Bewußtsein nötig, das sich aus der Differenz zwischen dem spontanen, unreflektierten Handeln des impulsiven Ich und der Perspektive, die sich aus der Sicht der Interaktionspartner auf das Individuum ergibt und sich im reflektierten Ich ausdrückt, entwickelt (vgl. Abels 1998: 33 ff.; Dubiel 1976: 149).

„Self" oder (Ich-)Identität ist somit eine Syntheseleistung, die konsistentes Verhalten ermöglicht. Die unterschiedlichen „Me's", also die eigene Vorstellung von den Bildern, die die bedeutsamen Bezugspersonen von mir haben, die Verinnerlichung ihrer Erwartungen an mich, müssen zu einem einheitlichen Selbstbild synthetisiert werden. Self oder Ich-Identität sind dann aufzufassen als „einheitliche und doch auf die Verständigung mit stufenweise immer mehr Partnern hin offene und flexible Selbstbewertung und Handlungsorientierung" (Dreitzel 1980: 54 f.), wobei sich zugleich eine stabile Persönlichkeitsstruktur herausbildet.

Identität ist nach Mead nur im gesellschaftlichen Kontext möglich, da Selbst-Bewußtsein im Sinne von Sich-selbst-zum-Objekt-Werden nur über gesellschaftliche Vermittlung, eben durch die Einnahme der Haltungen der anderen sich selbst gegenüber, möglich ist (vgl. auch Mead 1973: 279). Selbst-Bewußtsein im Sinne von Identitäts-Bewußtsein meint „Erkenntnis oder Auftreten einer Identität als Objekt" (Mead 1973: 212) und ist als reflexive Leistung zu unterscheiden von einem bloßen Bewußtsein subjektiv empfundener Zustände wie Schmerz oder Freude. Identität ist nach Mead ein kognitives Phänomen und zugleich eine nachträgliche Leistung. Die spontane Reaktion des I führt dazu, „daß wir uns niemals ganz unserer selbst bewußt sind, daß wir uns durch unsere eigenen Aktionen überraschen" (ebd.: 217). Das I ist in der Erfahrung erst dann präsent, wenn seine Reaktion bereits stattgefunden hat (vgl. Mead 1973: 247). Zusammenfassend läßt sich das Zusammenspiel zwischen „Me", „I" und „Generalized Other" folgendermaßen darstellen: Im Generalized Other sind die Anforderungen aus dem gesellschaftlichen Außen verinnerlicht. Im „Me" werden diese Anforderungen aus dem „Generalized Other" subjektiv verarbeitet. Das I wiederum ist die Instanz, in der das „Triebschicksal" stattfindet und die spontan auf das Me einwirkt. Der „Generalized Other" formt das „Me", ebenso wirkt das „I" auf das „Me" ein. Die Handlungen des „Me", die von „I" mitgesteuert sind, wirken wiederum auf den „Generalized Other" zurück und bewirken eine Veränderung der dort internalisierten Normen. Das „I" birgt persönliches Widerstandspotential und ist Entfaltungsmoment für die eigene Persönlichkeit, indem es dem Einzelnen je nach Ausprägung ermöglicht, zu den Normen oder „organisierten Haltungen" Distanz einzunehmen. Die Instanzen des „Me" und „I" dienen demnach zur Erklärung der Prozesse, in denen sich Identität und Geist[14] im Rahmen gesellschaftlicher Prozesse herausbilden, nämlich durch die wechselseitige Hereinnahme von Gesten in das Verhalten der Individuen. Diese Interaktionen wiederum bergen Veränderungspotential sowohl für die individuellen Identitäten wie für die gesellschaftlichen Prozesse. Identität ist nach Mead eher im Sinne sozialer und weniger als personale oder Ich-Identität aufzufassen (vgl. Mead 1973: 442 - Nachbemerkung zur Übersetzung), da die soziale Verortung im Vordergrund steht.

Identität bildet sich also heraus, indem das Individuum sich selbst zum Objekt wird. Dies geschieht durch Übernahme der Rolle der

---

[14] Geist (mind) ist für Mead die spezifische Fähigkeit des Menschen, signifikante Symbole erschaffen und verwenden zu können, die die Grundlage für eine „tätige Auseinandersetzung" mit der Welt bilden (vgl. Abels 1998: 13). Der Ausdruck "mind" im englischen Original jedoch "steht, ganz allgemein, für die Fähigkeit, zu denken und zu fühlen" (Mead 1973: 441 - Nachbemerkung zur Übersetzung; vgl. Schmieder 2001: 328).

anderen. Voraussetzung hierfür ist nun wiederum, daß das Individuum in sich selbst jene Reaktionen auszulösen vermag, die sein Verhalten bei anderen auslöst, um so sein eigenes Verhalten durch die Antizipation der Reaktion des Interaktionspartners zu kontrollieren. Dies ist möglich über den Einsatz von Gesten, signifikanten Symbolen, deren Bedeutung gesellschaftlich ausgehandelt ist – zu nennen ist hier vor allem die Sprache. Sprachliches Verhalten ist für Mead das einzig mögliche, um sich selbst zum Objekt zu werden (vgl. Mead 1973: 184). Kommunikation und Sprache sind demnach Voraussetzung für Identitätsgewinn. Identität entwickelt sich dabei in zwei Stadien, zunächst über die Organisation von Haltungen der anderen gegenüber dem Einzelnen, wie sie in spezifischen Interaktionssituationen hervortreten. Im zweiten Stadium wird über die Organisation dieser individuellen Haltungen hinaus Identität durch die Organisation der gesellschaftlichen Haltungen des generalisierten Anderen bzw. der gesellschaftlichen Gruppe insgesamt gebildet (vgl. ebd.: 200).

Zusammenfassend läßt sich feststellen, daß sich Identität nach Mead durch Hereinnahme des gesellschaftlichen Prozesses in das Individuum herausbildet. Gegenwärtige Situationen, in denen sich Identität aktualisiert, werden von vergangenen Erfahrungen beeinflußt. Bewußte Identität beruht nach Mead auf kognitiven Leistungen, auf Reflexion, indem sich der Einzelne selbst zum Objekt des Nachdenkens macht. Diese Fähigkeit des Menschen basiert auf dessen Umgang mit signifikanten Sprachsymbolen, die das Denken als innere Sprache ermöglicht (vgl. Haeberlin/Niklaus 1978: 22). Bewußte Identität enthält nach Mead daher ein Moment relativer persönlicher Freiheit, da das Individuum sich aus ritualisierten Handlungsabläufen herauszulösen und über das eigene Handeln nachzudenken vermag. Das Verhältnis zwischen sozialer Determination und Freiheit wird in Meads Identitätskonzeption somit zu einem Grundproblem, das sich in dem Verhältnis zwischen sozial determiniertem „Me" und spontanem „I" widerspiegelt (vgl. ebd.: 24 f.). In Meads Identitätskonzeption wird jedoch bereits ein Prinzip deutlich, das sich bis in gegenwärtige Ansätze mit sogar noch steigender Bedeutung durchgesetzt hat: Identität aktualisiert sich im sogenannten Hier und Jetzt. Dies läßt sich auch aus dem grundlegenden Prinzip des Symbolischen Interaktionismus herleiten, der das Verhalten des Menschen aus der sozialen Interaktion heraus erklärt. Identität läßt sich bei Mead als ständiger Dialog im Hier und Jetzt umschreiben, in dem sich auch die wechselseitige Beeinflussung zwischen Individuum und sozialer Umwelt ausdrückt.

3.2.2.2 Zum Stellenwert des Körpers in Meads Identitätstheorie

Die Rolle des Körpers in Meads Identitätstheorie weist auch für nachfolgende Identitätskonzeptionen des sozialpsychologischen Paradigmas typische Merkmale auf. Der Körper ist darin nämlich von untergeordneter Bedeutung bzw. bleibt mitunter sogar gänzlich unbeachtet. So wird der Körper lediglich einer niederen Seins-Stufe zugeordnet, oder er ist nur als (Selbst-)Objekt von Bedeutung, wie es zunächst auch bei Mead der Fall ist. Abels verweist auf den spontanen Ausdruck körperlicher Bedürfnisse in Meads „I" (vgl. Abels 1998: 34), womit der Körper auf ein vorsoziales Moment reduziert erscheint.

Mead selbst unterscheidet deutlich zwischen Identität und Körper (vgl. Mead 1973: 178 ff.). Körper und Körperteile sind nach Mead zunächst lediglich Objekte in der Außenwelt, vergleichbar mit beliebigen anderen Objekten, die eben dadurch von der Identität unterschieden werden, daß sie nicht, wie die Identität, für sich selbst ein

Objekt sind. Demzufolge kann nach Mead der Körper „zwar vorhanden und sehr intelligent tätig sein" (Mead 1973: 178), was jedoch nicht zur Folge hat, daß Identität in der Erfahrung auftritt, da sich der Körper selbst nicht als ein Ganzes erfährt. Mead nimmt für seine Beobachtungen eine Außenperspektive ein, so daß er beispielsweise das Betasten der eigenen Hand mit der zweiten Hand gleichsetzt mit der taktilen Wahrnehmung eines Tisches – beides sind für ihn lediglich erfahrbare Objekte.

Für Mead können Teile des Körpers verloren werden, ohne daß dies einen ernstlichen Eingriff in die Identität nach sich zieht. Der physiologische Organismus ist nach Mead zwar von entscheidender Bedeutung für Identität, dennoch ist Identität auch ohne diesen vorstellbar. Ebenso unterscheidet Mead zwischen Geist und Körper, die bei ihm als zunächst voneinander unabhängige Systeme auftreten, die es durch „Erziehung" zu verbinden gelte: Im Geist organisieren sich gesellschaftliche Verhaltensweisen, der Körper hingegen ist Ausdruck physiologischer Prozesse oder „Verhaltensweisen des Organismus" (Mead 1973: 230, Fußnote 17).

Dennoch gibt es für Mead die Möglichkeit, den Körper als Selbst, d. h. zur eigenen Person gehörig, zu erfahren, und nicht nur als Objekt der Außenwelt. Voraussetzung dafür ist jedoch, daß sich Identität ausgebildet hat, indem die Haltungen der anderen sich selbst gegenüber eingenommen wurden, die Person also sich selbst zum Objekt geworden ist. Der Körper wird dann analog als Ganzes ein Objekt für sich selbst und damit selbst-bewußt im Gegensatz zu der niederen Stufe der Körpererfahrung, die eben nicht eine selbstbewußte Erfahrung ist, sondern nur ein subjektives Empfinden der einzelnen Körperteile. Erst wenn sich Selbst-Bewußtsein „im gesellschaftlichen Erfahrungsprozeß" (Mead 1973: 215) herausgebildet hat, ist es dem Individuum möglich, seinen Körper im Rahmen dieses Selbst-Bewußtseins als zu sich selbst gehörig zu erfahren und nicht nur, wie in der niederen, vorgesellschaftlichen und dadurch nicht-selbstbewußten Seins-Stufe, lediglich als Teil seiner Umwelt. Hat sich Identität im gesellschaftlichen Prozeß herausgebildet, können Körpererfahrungen in Form von Gefühlen und Empfindungen mit der Identität verknüpft oder ihr zugeschrieben werden (vgl. ebd.). Der Körper kann als ein Ganzes empfunden werden, da er durch das ausgebildete Selbst-Bewußtsein „in seinen eigenen Umweltsbereich" (ebd.) eintritt. Damit wird der Körper Bestandteil jener Umwelteinflüsse, auf die das Individuum reagiert, indem es sie in sich aufnimmt, wie es die Haltungen der anderen in sich aufnimmt und so Identität ausbildet. Bewußte Kommunikation und Übermittlung von Gesten sind dazu notwendig, die dann auch Voraussetzung dafür sind, daß der Körper sich als Ganzes seiner Umwelt gegenüberstellt und somit als Ganzes zum Objekt für sich selbst, selbstbewußt, wird.

Hieraus läßt sich schlußfolgern, daß der Körper erst „vergesellschaftet", aus der Außenperspektive wahrgenommen werden muß, um als zur eigenen Person gehörig wahrgenommen zu werden. Aus dieser Perspektive ist die Wahrnehmung des eigenen Körpers durch gesellschaftliche Vorgaben geprägt, eine Vorstellung, die sich in unterschiedlichen Theorien wiederfindet. Die Analogie zwischen einem so wahrgenommenen Körper und den durch Übernahme der Haltungen anderer geprägten Me-Konstruktionen ist offensichtlich und wird in der im folgenden vorgestellten Fallstudie expliziert, die theoretisch auf der Verbindung zwischen Meads Me- und I-Konstruktionen und dem dynamischen Körper-Leib-Verhältnis basiert.

3.2.2.3 „Reading Body Stories": Identität und Körper/Leib in der „biographischen Identität"

Body Stories, Körpergeschichten, sind Peter Alheit zufolge die Grundlage zur Entschlüsselung von „biographischer Identität"[15]. Zugrunde liegt hier die Vorstellung, daß Leib und Biographie untrennbar miteinander verbunden sind. Denn biographische Identität, verstanden als reflexiver Akt der (narrativen) Rekonstruktion des eigenen Gewordenseins, basiert auf der Erfahrung des eigenen Selbst, deren ursprünglichste Form der Leib als „absolutes Bei-sich-Sein" darstellt (vgl. Alheit 1999: 224). Alheits Konzeption der biographischen Identität basiert auf Meads Identitätstheorie, wobei dessen Unterscheidung zwischen Me und I mit einem dynamischen Körper-Leib-Verhältnis verbunden wird.

Alheit rekurriert auf die von Gabriel Marcel (1889 - 1973) vorgenommene Unterscheidung zwischen dem „,inneren' Gefühl des Leib-Seins" und der „eher äußerlichen Wahrnehmung des Körper-Habens" (Ahlheit 1999: 224) - „corps que je suis" versus „corps que j'ai". Der Leib, „corps que je suis", stellt dabei den Ort des absoluten Bei-sich-Seins dar. Alheit orientiert sich hier an Hermann Schmitz' Definition des Leiblichen als einem „absoluten Ort" sowie an Maurice Merleau-Ponty's Gleichsetzung des Leiberlebens mit einem „natürlichen Ich" oder „moi naturel". Dieser Leib wird nun als „ontogenetische Vorbedingung" für ein biographisches Selbst ausge-

---

[15] Die nachfolgenden Ausführungen zur „biographischen Identität" gehen zurück auf Peter Alheits Beitrag „Reading Body Stories. Zur ,leibhaftigen' Konstruktion der Biographie" zu dem von dem Autor et. al. 1999 herausgegebenen Sammelband „Biographie und Leib". Alheits Konzeption der biographischen Identität fußt auf den Überlegungen zur „theoretischen Beziehung von Leib und Biographie" (Alheit 1999: 223). Die theoretischen Zusammenhänge werden anhand der Interpretation von Schlüsselpassagen eines narrativen biographischen Interviews veranschaulicht.

macht. Das „moi naturel" ist zugleich verwandt mit Meads „I" als spontanem Ausdruck des Ich (vgl. ebd.).

Das biographische Selbst zeichnet sich durch die reflexive Rekonstruktion des eigenen Gewordenseins aus, basiert demnach auf reflexiven und rekonstruktiven Prozessen in bezug auf die eigene Lebensgeschichte. Zur bewußten Erfahrung des eigenen Selbst ist es daher notwendig, aus dem Stadium des bloßen Leib-Seins herauszutreten – der „biographische Bezug auf das Selbst" ist daher mit „Leibverlust" verbunden (ebd.). Dies geschieht durch Reflexion und einen Wechsel von Bewußtseinslagen, wie er bereits von Mead beschrieben wird als Wechsel vom „Bewußtsein als Erfahrung von Schmerz oder Freude" zum „Selbst-Bewußtsein als Erkenntnis oder Auftreten einer Identität als Objekt" (Mead 1973: 212, zit. in Alheit 1998: 224). Letzteres impliziert die Übernahme der Haltungen der anderen gegenüber der eigenen Person, um sich selbst zum Objekt werden zu können – eben das „Me".

Die Haltungen der anderen drücken sich dabei aus in der Wahrnehmung des „Körpers, den ich habe" (corps que j'ai) und ermöglichen wiederum eine Veränderung der Leiberfahrungen. So läßt sich der „äußere" Einfluß von Körpernormen, -bildern usw. auf die „innere" Leiberfahrung mithilfe der Meadschen I/Me-Konzeption erläutern. Das I ist demnach mit dem „inneren" Leib verbunden, das Me mit dem „äußeren" Körper. Dieser äußere Körper ist den normierenden Erwartungen der sozialen Umwelt ausgesetzt, in denen sich die gängigen Körperideale spiegeln, die sich in spezifischen Me-Konstruktionen niederschlagen.

Identität ist in dieser Lesart kognitiv und basiert auf Reflexion. Das Me ermöglicht wiederum das spontane I, das (re-)agierende Ich, „das ich 'bin', aber niemals 'habe'" (Alheit 1998: 225). Dieses I birgt zugleich Widerstandspotential gegen die Normierungen, die sich im

Me und Generalized Other ausdrücken. Das I ist eine „historische Figur" (Mead 1973: 218, zit. in Alheit 1998: 225), es ist nicht direkt erfahrbar. Es reagiert auf das Me und trägt zugleich zur Herausbildung eines neuen Me bei. Man-selbst-Sein ist demnach mehr als Leib-Sein, als das I, das in Selbstfindungsprozessen reflexiv zu brechen ist (vgl. Alheit 1998: 225) durch die Übernahme der Haltungen der anderen, die sich auch und gerade in auf den Körper bezogenen Me-Konstruktionen niederschlagen.

Der Weg zur eigenen biographischen Idenität, und damit auch der eigenen Geschlechtsidentität, erfolgt schließlich über eine Entwicklung vom Körper-Haben, das durch Me-Konstruktionen geprägt ist, zum Leib-Sein, in dem sich das widerständige I ausdrückt. Die Entdeckung dieses I ist demnach wesentlich für den Identitätsbildungsprozeß. Denn Identität, Meads „self", ergibt sich erst aus dem Zusammenspiel von internalisierten Fremderwartungen (Me's) einerseits und der spontanen individuellen Reaktion des Individuums (I) andererseits.

Anschaulich gemacht werden diese Zusammenhänge anhand der biographischen Erzählung des jungen Mädchens Anna, die hier ebenfalls kurz skizziert werden soll. In Annas Suche nach dem eigenen Selbst, das es zwischen den Anforderungen von außen und eigenem Widerstandspotential auszutarieren gilt, spielt die Körper-Leib-Thematik eine zentrale Rolle. So setzt sich Anna mit den Anforderungen der sie umgebenden Sozialwelt über ihren Körper auseinander, der zum Zeichen- und Bedeutungsträger wird.

Aus problematischen Familienverhältnissen stammend, versucht Anna zunächst durch körperbezogene Anpassungsleistungen, den sich in den „Me's" niederschlagenden Erwartungen der Außenwelt zu entprechen. Der Körper erscheint dabei „in ein kompliziertes semiotisches Geflecht von *Me*-Konstruktionen" eingespannt (Alheit

1999: 234, kursiv im Original). Die Orientierung am „Peer-Me", also jener Me-Konstruktion, die sich aus der relevanten Gruppe der Gleichaltrigen ergibt, verlangt ihr beispielsweise die Übernahme eines „weiblichen Genderskripts" (ebd.: 232) ab. Das Mädchen verortet sich im vorgegebenen Geschlechtermodell und richtet ihr körperliches Erscheinungsbild und Verhalten darauf aus, einen Freund zu gewinnen.

Anna etabliert jedoch zunehmend körperliche Gegendiskurse, in denen der Körper als Zeichen- und Bedeutungsträger fungiert. In diesen ersten Anzeichen von Körperreflexivität zeigt sicht bereits das widerständige „I". Die Körperzeichen werden jedoch zunächst nur nach außen gerichtet. So versucht sie beispielsweise durch exzessives Hungern – zu deuten als Zurücknahme des Körpers –, die Aufmerksamkeit ihrer Bezugspersonen zu erregen und zugleich auf ihre soziale „'Nicht-Existenz'" (ebd.: 238) hinzuweisen. Die Me-Konstruktionen werden also von „leibhaftigen" Impulsen des resistenten I's durchbrochen, das sich schließlich in Form eines leibhaftigen Zu-sich-selbst-Findens durchsetzt. Die körperlichen Gegendiskurse, die die Suche nach sich selbst markieren, stellen Grenzüberschreitungen dar und betreffen eigentlich den Leib, den sich Anna jedoch, ganz im Sinne des Meadschen I, erst im nachhinein aneignen kann.

Identität, „Self", erreicht das Mädchen in dieser Lesart jedoch erst mit einem massiven Körperzeichen, nämlich mit einer frühen Schwangerschaft. Dieses Körperzeichen richtet sie auch an sich selbst und eignet sich darüber zugleich ihren Körper als Leib an. Dabei nimmt sie die (ablehnende) Haltung der signifikanten Anderen – hier ihres Vaters – vorweg, widersetzt sich aber und ist sich offensichtlich ihrer Stärke bewußt. Diese beruht auf der leibhaftigen Erfahrung des Bei-Sich-Seins, einer neuen Körpererfahrung, die „eine substanzielle Veränderung in ihr selbst bewirkt hat" (ebd.: 241). Anna nimmt sich hier zum ersten Mal leibhaftig wahr und erlebt diese Schwangerschaft auch als positive soziale Veränderung. Alheit schreibt:

> Das jetzt entfaltete *Me* bezieht sich auf ein *I*, das mit der leibhaftigen Erfahrung der Schwangerschaft an innerer Autnomie gewonnen hat. Der neue Zustand bezeichnet also ein qualitativ neues Identitätsniveau. Anna ratifiziert am eigenen Leibe auch ihre *Geschlechtsidentität*.
>
> (Alheit 1999: 240, kursiv im Original)

3.2.3 Erik H. Eriksons entwicklungspsychologisch-psychoanalytische Identitätstheorie

3.2.3.1 Darstellung der Theorie

Der Psychoanalytiker Erik H. Erikson (1902 - 1994) prägte insbesondere durch sein 1966 erschienenes Grundlagenwerk „Identität und Lebenszyklus" einen entwicklungspsychologisch-psychoanalytischen Identitätsbegriff, der die (individual-)psychologischen Identitätsdebatten maßgeblich beeinflußte. Identität ist in dieser Konzeption eine spezifische Syntheseleistung einer Person, die aus der Fähigkeit resultiert, unterschiedliche Erfahrungen zu integrieren, alte Erfahrungen um neue zu ergänzen und dabei ein Gefühl persönlicher Kontinuität und Konsistenz aufrechtzuerhalten. Identität ist hier gleichzusetzen mit „Integrität" und stellt eine persönliche Leistung dar, so daß Identität in diesem Sinne erreicht, aber auch wieder verloren werden kann (vgl. Frey/Haußer 1987: 7).

Der Entwicklung einer gelungenen Ich-Identität, die sich nach Erikson in der Entwicklungsphase der Adoleszenz voll ausbildet, gehen im folgenden zu erläuternde kindliche Entwicklungsprozesse voran, die zu einer „sich aufspeichernden Ich-Identität" führen. Schrittweise und von frühester Kindheit an soll das Kind ein Realitätsgefühl entwickeln, das sich aus der Wahrnehmung ableitet, daß seine „Ich-Synthese", seine individuelle Art der Erfahrungsverarbeitung, „eine erfolgreiche Variante einer Gruppenidentität ist" (Erikson 1973: 17). Das Ich hat dabei die Funktion inne, die psychosexuellen und psychosozialen Aspekte einer jeweiligen Entwicklungsstufe zu integrieren und gleichzeitig diese neu gewonnenen Identitätselemente mit den bereits vorhandenen zu verbinden (vgl. Erikson 1973: 143).

Erikson hat den Terminus der „Ich-Identität" in die psychoanalytische und sozialwissenschaftliche Diskussion eingebracht (vgl. Rattner 1995: 571). Obwohl Erikson selbst aus theoretischen Gründen von diesem Begriff später Abstand nahm und stattdessen von Identität oder auch psychosozialer Identität[16] sprach (vgl. Straub 1998: 74), soll dieser zentrale Begriff hier auf der Grundlage der Publikation „Identität und Lebenszyklus" erläutert werden.

Nach psychoanalytischer Definition ist das „Ich" eine psychische Instanz, die eine Teilstruktur der Persönlichkeit darstellt und organisierende wie kontrollierende Funktionen ausübt. So organisiert und kontrolliert das Ich Bewegungsabläufe und Wahrnehmung, und zwar sowohl die Wahrnehmung der Außenwelt wie die des Selbst (vgl. Volmerg 1978: 25). Erikson definiert Ich-Identität als ein Untersystem des Ich, dessen Aufgabe es ist, „die Summe der Selbst-

---

[16] Der Begriff der psychosozialen Identität verweist auf die zwischen intrapsychischen und sozialen Anforderungen vermittelnde Aufgabe von Identität. Nach Erikson muß eben in der Adoleszenz ein relatives psychosoziales Gleichgewicht hergestellt werden, um den Anforderungen des Erwachsenseins entsprechen zu können, womit dem Ich eine soziale Funktion zukommt (vgl. Erikson 1973: 192).

Vorstellungen, die aus den durchlebten Krisen der Kindheit stammen, zu prüfen, zu sortieren und zu integrieren" (Erikson 1973: 190). Identität ist für Erikson gleichzusetzen mit einem „Realitätsgefühl des Selbst" (ebd.), das vom Individuum mehr oder weniger erreicht, jedoch stets auch wieder zu revidieren ist. Dem Ich kommt dabei die synthetisierende Funktion zu, die eigene Gleichheit und Kontinuität aufrechtzuerhalten und auch in den Augen anderer zu gewährleisten. Mit dem Gefühl der Ich-Identität ist die Überzeugung verbunden, sich vor dem Hintergrund einer „greifbaren kollektiven Zukunft" zu einem „definierten Ich innerhalb einer sozialen Realität" (Erikson 1973: 17) zu entwickeln.

Ein solches deutliches Bewußtsein seiner selbst, in dem sich auch bereits die eigene zukünftige Rolle in der Gesellschaft abzeichnet, erlangt der Mensch nach Eriksons Entwicklungsmodell in der Pubertät bzw. Adoleszenz. Damit sich jedoch in diesem Lebensalter „Identität" ausbilden kann, setzt Erikson voraus, das das Individuum bestimmte Entwicklungsschritte, die krisenhafte Reifungsprozesse darstellen, von der frühen Kindheit bis zur Pubertät erfolgreich durchlaufen hat. Andernfalls stellt sich Identitäts-Diffusion ein, die die Unfähigkeit des Ichs kennzeichnet, eine Identität auszubilden. Hier kann es dann bei Jugendlichen, so Erikson, zum Aufbau von Pseudo- oder Schein-Identitäten kommen, indem eine Ausrichtung an einer „negativen Identität" (Erikson 1973: 167) erfolgt, die sich beispielsweise in jugendlicher Verwahrlosung oder „Kriminalität" ausdrückt.[17]

Voraussetzung für ein „normgemäßes" Durchlaufen der einzelnen Reifungsschritte sind aus Eriksons psychoanalytischer Perspektive tragfähige Objektbeziehungen von Kindheit an, die erfolgreiche Inte-

---

[17] Deutlich wird hier die psychoanalytische Perspektive, aus der „abweichendes Verhalten" als Folge individueller, intrapsychischer Fehlleistungen gedeutet wird und nicht wie im soziologischen Etikettierungsansatz als Ergebnis eines Zuschreibungsprozesses „von außen".

raktions- und Identifikationsprozesse ermöglichen. Auf diese Weise werden positiv besetzte Beziehungspersonen von dem Heranwachsenden verinnerlicht und so dessen Persönlichkeit gefestigt (vgl. Rattner 1995: 572 f.). Erikson gibt für die vom Individuum zu bewältigenden Reifungsschritte jeweils zwei Pole an, in denen sich Scheitern und Erfolg ausdrücken, also Kriterien relativer psychosozialer Gesundheit oder eben Störung (vgl. Erikson 1973: 149). Dabei sind die positiven Lösungen der einzelnen Entwicklungskrisen in der Regel nicht exklusiv zu erreichen, d. h. auch in ihnen sind Aspekte des Scheiterns enthalten. Ebenso gehen die einzelnen Phasen ineinander über und überschneiden sich teilweise. Alle Entwicklungsstadien bleiben miteinander in einer systematischen Verbindung; das Tempo der Entwicklung variiert je nach individuellen und gesellschaftlich bedingten Faktoren. Die zu durchlaufenden Reifungskrisen lassen sich schemenhaft wie folgt darstellen:

Entwicklungsstadien	▶	Konfliktfelder
Säuglingsalter	▶	Urvertrauen gegen Mißtrauen
Kleinkindalter	▶	Autonomie gegen Scham und Zweifel
Spielalter	▶	Initiative gegen Schuldgefühl
Schulalter	▶	Werksinn gegen Minderwertigkeitssinn
Adoleszenz	▶	Identität gegen Identitätsdiffusion
Frühes Erwachsenenalter	▶	Intimität gegen Isolierung
Erwachsenenalter	▶	Generativität[18] gegen Selbst-Absorption
Reifes Erwachsenenalter	▶	Integrität gegen Lebensekel

(vgl. Erikson 1973: 150 f., Diagramm C)

---

[18] Generativität ist schließlich keineswegs beschränkt auf das Bekommen und Erziehen eigener Kinder, sondern kann sich auch im Erschaffen kultureller Werte ausdrücken (vgl. Erikson 1973: 117).

Die einzelnen Entwicklungsschritte sollen hier nicht ausführlich rezipiert, sondern lediglich einige Grundzüge exemplarisch dargelegt werden. Die Basis für das spätere Identitätsgefühl, daß man selbst und die Welt „in Ordnung" ist und den Anforderungen der Umwelt entsprochen werden kann, stellt das sich im Säuglingsalter entwickelnde Urvertrauen dar. Das sich bildende Identitätsgefühl wird nach Erikson zunächst vorbewußt als ein psychosoziales Wohlbefinden erlebt, zu dem neben der Gewißheit, „auf dem rechten Weg" zu sein, auch ganz zentral das Gefühl zählt, „Herr seines Körpers" zu sein (vgl. Erikson 1973: 147). Darin drückt sich das Vertrauen des Säuglings zu seiner menschlichen Umgebung aus, das sich idealerweise in den Interaktionen mit der ersten Bezugsperson, in der Regel die Mutter, aufbaut. Dazu muß es dieser Bezugsperson durch ihre Fürsorge gelingen, dem Kind zu ermöglichen, seine soziale Umgebung als sinnorientiert und sinnverwirklichend zu erleben (vgl. Rattner 1995: 565).

Die Entwicklung kindlicher Autonomie erfolgt über die muskuläre Bemächtigung seiner Umgebung durch Sitzen, Stehen, Gehen und Greifen. Dem Kind muß hierzu ausreichend Freiraum zur Erprobung der eigenen Kräfte gelassen werden, andernfalls kommt es zur Schädigung der Ich-Autonomie, die sich in einem Gefangensein in der eigenen Innerlichkeit äußert. Statt kraftvoll nach außen zu dringen, entwickelt das Kind in der Folge Scham und Zweifel (vgl. ebd.: 566). So hat auch eine zu früh oder zu streng erfolgende Sauberkeitserziehung ein Gefühl der Machtlosigkeit im eigenen Körper und Verängstigung durch die „Eingeweide" zur Folge (vgl. Erikson 1973: 78 f.)[19].

---

[19] Auch ein „übermäßiges Anwachsen von Schuldgefühlen" hat eine „übermäßige Entfremdung des Kindes von seinem eigenen Körper" zur Folge (vgl. Erikson 1973: 82).

Über weitere Reifungskrisen im Kindesalter kommt es schließlich im idealen Fall zur Ausbildung der Ich-Identität in der Adoleszenz, die mit konkreten Vorstellungen von der eigenen zukünftigen Rolle in der Gesellschaft verbunden ist. Aus dem psychosozialen Moratorium zwischen Kindheit und Erwachsenenalter, das eine gesellschaftlich legitimierte Erprobungsphase unterschiedlicher subjektiver Erlebensweisen, ideologischer Ausrichtungen und realistischer Verpflichtungen darstellt, soll schließlich ein zur Intimität fähiger junger Erwachsener hervorgehen (vgl. Erikson 1973: 212). Dies schließt Liebesfähigkeit ein, die sich in einer Beziehung zwischen zwei Partnern ausdrückt, in der sich die Personen gegenseitig „wirklich meinen" und fördern wollen (vgl. Rattner 1995: 568).

Mit der Ausbildung der Ich-Identität in der Adoleszenz ist die Identitätsbildung des Menschen nach Erikson jedoch keinesfalls abgeschlossen, sondern stellt im Gegenteil eine lebenslange Entwicklung dar (vgl. Erikson 1973: 141). Die Ausbildung von Ich-Identität ist dabei als Voraussetzung für „Identität" anzusehen. Im Stadium der Integrität im reifen Erwachsenenalter sollte sich nach Erikson schließlich eine ganzheitliche Persönlichkeit ausgebildet haben, die ihren Platz in Kultur und Gesellschaft gefunden hat. In Anlehnung an Freud geht Erikson davon aus, daß eine gelungene Identitätsbildung den Menschen befähigt, „zu lieben und zu arbeiten" (vgl. Erikson 1973: 116 f.).[20]

---

[20]Nach „heteronormativem" Verständnis bedeutet dies, eine intime, erfüllende Beziehung zum anderen Geschlecht einzugehen und ein produktives Leben zu führen (vgl. Erikson 1973: 116 f.; Rattner 1995: 573). Lieben meint zugleich das „Verströmen von Güte" wie auch „geschlechtliche Liebe"; Arbeiten ist bezogen auf ein Berufsleben, das dem Menschen genug Freiraum läßt, um sich daneben auch als ein „Geschlechtswesen" und „Liebender" zu erleben (vgl. Erikson 1973: 116). Erikson verweist auf die Bedeutung der „Genitalität" als Hauptmerkmal der gesunden Persönlichkeit aus psychoanalytischer Sicht (vgl. Erikson 1973: 116). Interessant ist die dekonstruktivistisch-feministische Kritik an einer solchen Konzeption, die hegemoniale Interessen unterstellt. Im Gegenzug wird die im traditionellen psychoanalytischen Modell als regressiv zu deutende „polymorph perverse Sexualität" des Kleinkindes als progressive Konzeption umgedeutet (siehe Butler 1991: 111 ff., 193 ff.; Soine 2000: 218 f.).

Auch Erikson betont die zwischen individuellem Inneren und gesellschaftlichem Äußeren vermittelnde Funktion von Identität, in der sich eine wechselseitige Beziehung ausdrückt zwischen einem ständigen inneren „Sich-Selbst-Gleichsein" und einer permanenten Teilhabe an „bestimmten gruppenspezifischen Charakterzügen" (Erikson 1973: 124). Eriksons Begriff der Ich-Identität bezeichnet die Schnittstelle zwischen psychischer Struktur und Gesellschaftsstruktur (vgl. Volmerg 1978: 26), wobei innere und äußere Realität durch das Ich zu vermitteln sind, dem somit eine soziale Funktion zukommt. Volmerg (1978: 25) weist darauf hin, daß die von Erikson definierte Ich-Identität zugleich Struktur- und Prozeßcharakter hat, da sie zum einen bereits gelungene Integrationsprozesse ausdrückt und zugleich synthetisierende Funkton innehat, da es Ich-Identität durch fortlaufende Integrationsprozesse zu bewahren gilt.

Erikson entwickelt seinen Identitätsbegriff aus den in Sozialisationsprozessen zwangsläufig eintretenden Krisenerfahrungen des Individuums und deren psychische Bearbeitung durch den Einzelnen. Als Psychoanalytiker legt er damit eine klinische Konzeption von Identität vor, in der der Identitätsbegriff persönlichkeits- und entwicklungspsychologisch geprägt ist (vgl. Straub 1998: 75). Gleichzeitig kann Eriksons Identitätsbegriff jedoch eingedenk verschiedener Studien zum Zusammenhang zwischen Identität, Lebensgeschichte und historischem Augenblick auch als sozial- und geschichtstheoretisch reflektiert angesehen werden (vgl. ebd.: 74). Überdies bezog Erikson auch enthnologische und anthropologische Studien mit ein. Straub schlägt auf der Grundlage der Identitätskonzeption Eriksons vor,

> (personale) „Identität" als jene *Einheit und Nämlichkeit* einer Person aufzufassen, welche auf aktive, psychische Synthetisierungs- oder Integrationsleistungen zurückzufüh-

ren ist, durch die sich die betreffende Person der Kontinuität und Kohärenz ihrer Lebenspraxis zu vergewissern sucht.

(Straub 1998: 75, kursiv im Original)

Die mit einer solchen Konzeption verbundene Vorstellung einer „integrierten Persönlichkeit", die auf Erikson zurückgeht, ist im Hinblick auf ihren ideologischen Gehalt und normativen Charakter vielfach kritisiert worden. So verwarf Theodor W. Adorno die psychologische These der „integrierten Persönlichkeit", die sich unabhängig von widersprüchlichen gesellschaftlichen Verhältnissen bilden soll:

> Das Ziel der „gut integrierten Persönlichkeit" ist verwerflich, weil es dem Individuum jene Balance der Kräfte zumutet, die in der bestehenden Gesellschaft nicht besteht und auch gar nicht bestehen sollte, weil jene Kräfte nicht gleichen Rechtes sind.
> (Adorno 1955, zit. n. Volmerg 1978: 26)

Von feministisch-poststrukturalistischer Seite werden die Identitätskriterien „Kontinuität" und „Kohärenz" generell als normative Konstruktion in Frage gestellt; plädiert wird hingegen für einen auf Diskontinuität und Wandlungsfähigkeit beruhenden Identitätsbegriff (vgl. Butler 1991: 37 f.). Kritik erstreckt sich konkret auf Eriksons Verständnis von „weiblicher Identität", das auf der Naturalisierung soziokultureller Geschlechtsrollen gründet (vgl. Straub 1998: 76, Fußnote 8). Kritisch angemerkt wird zudem, daß Eriksons Vorstellung von Identität sich aus einem normativen Gesellschaftsbild ableitet. So spiegelt sich, wie u. a. Darmstädter und Mey (1998: 65) feststellen, in Eriksons Identitätskonzeption das Gesellschaftsbild der (männlichen) weißen amerikanischen Mittelschicht der 1950er Jahre wider. Die Vorstellung einer gelingenden, wenn auch sich lebenslang weiterentwickelnden Identität, die mit eindeutigen und gradlinigen Positionierungen im beruflichen und persönlichen Bereich einhergeht, fügt sich ein in die „prosperiende Gesellschaft, in der jeder seinen Weg finden kann" (ebd.) jener Zeit. Zudem weisen die in Eriksons Ausführungen enthaltenen Vorstellungen von intimen Beziehungen eine aus heutiger Sicht zu kritisierende „Heteronormativität" auf. Einer solchen Lesart zufolge ließe sich Eriksons Identitätsmodell als normatives Ideal männlicher Vergesellschaftung begreifen.

Eriksons Identitätskonzeption, so zitiert Straub vielfach geübte Kritik, „habe ihre Paßform für die dezentrierten Subjekte in ‚postmodernen' Zeiten längst verloren" (Straub 1998: 76, Fußnote 8). Identität erweise sich darin als eine „zwanghafte psychische Struktur", in der ein „totalitäres Ich" rigide nach innen und außen agiere und Identität so auf ein „Zwangsgehäuse für (bürgerliche) Subjekte" reduziere (ebd.). Insbesondere Straub widerspricht jedoch einer solchen Deutung und schlägt vor, Eriksons Identitätstheorie weiter nutzbar zu machen, indem inhaltlich-qualitative von formalstrukturellen Aspekten getrennt werden (vgl. Straub 1998: 76, Fußnote 8; Straub 1991: 58 ff.).

In den inhaltlich-qualitativen Bestimmungen von Identität lassen sich dann jene berechtigten Kritikpunkte festmachen, die sich an bestimmten normativen Idealen ausrichten. Nichtsdestoweniger haben nach Straub die formal-strukturellen, abstrahierten Aspekte der Identitätskonzeption Eriksons weiterhin Gültigkeit. Überdies wendet sich Straub gegen Interpretationen, wonach Eriksons Identitätsbegriff geschlossen strukturiert oder von einem totalitären Ich beherrscht sei. Er verweist dazu auf den Gestaltcharakter, der sich in der Wechselbeziehung zwischen verschiedenen Funktionen und Teilen ausdrückt, den Erikson selbst der Identität zuweist (vgl. ebd.; Erikson 1973: 168, Fußnote 8).

3.2.3.2 Zum Stellenwert des Körpers in Eriksons Identitätstheorie

In Eriksons Konzeption von Identität hat der Körper zwar eine grundlegende Bedeutung, die benannt, aber nicht expliziert wird, diese Bedeutung reduziert sich jedoch auch hier nur auf die „unterste Stufe" der Identitätsentwicklung. Gemeint sind die frühkindlichen, über körperliche Prozesse und Empfindungen vermittelt stattfindenden emotionalen Entwicklungen, die die Grundlagen für die Ausbildung von Ich-Identität im frühkindlichen Stadium bilden. So betont Erikson die für die sich entwickelnde Ich-Identität führende Rolle von Körper und Elternfiguren in den frühen Kindheitsphasen. In den späteren Stadien hingegen werden nach Erikson die vielfältigen sozialen Rollen maßgeblich (vgl. Erikson 1973: 109). So sind die ersten Schritte des Kindes in die Welt auch gleichsam die ersten Schritte zur eigenen Ich-Identität, indem sie zur Entwicklung eines realistischen Selbstgefühls beitragen. Dieses resultiert aus der Anerkennung durch die Umwelt für eine vom Kind erreichte und lustvoll ausgeführte körperliche Fähigkeit[21].

Die Bedeutung des Körpers für die Identität wird jedoch bereits viel früher angesetzt. So stellt die Ausbildung eines stabilen Körperschemas nach Erikson eine Bedingung für die Entwicklung von Ich-Identität dar. Ein solches stabiles Körperschema ist abhängig von einem ausgewogenen Verhältnis zwischen Selbst- und Fremdwahrnehmung. Die Gleichzeitigkeit von Selbst- und Fremdwahrnehmung hat zur Folge, daß das eigene Selbst und das Objekt – in der Regel die Mutter – als identisch in Raum und Zeit erlebt werden. Diese Entwicklung setzt in frühester Kindheit ein:

---

[21] Dasselbe gilt für die weitere Entwicklung körperlicher Fähigkeiten jenseits des Laufens. Das Laufenkönnen hat jedoch zugleich eine jeweils zu bestimmende bedeutende Funktion in einer Kultur inne. So ist es beispielsweise auch als Zeichen für Vorwärtskommen im übertragenen Sinne anzusehen (vgl. Erikson 1973: 17).

Das bewußte Gefühl, eine *persönliche Identität* zu besitzen, beruht auf zwei gleichzeitigen Beobachtungen: der unmittelbaren Wahrnehmung der eigenen Gleichheit und Kontinuität in der Zeit, und der damit verbundenen Wahrnehmung, daß auch andere diese Gleichheit und Kontinuität erkennen.

(Erikson 1973: 18, kursiv im Original)

Ich-Identität bedeutet dabei mehr als die sich in der persönlichen Identität ausdrükkende Tatsache des Existierens, sondern bezeichent die „Ich-Qualität dieser Existenz" (ebd.), die sich in der zweifachen Wahrnehmung der eigenen Gleichheit und Kontinuität – zum einen im Hinblick auf die eigene Person, zum anderen die Wahrnehmung der anderen – ausdrückt. Diese Gleichheit und Kontinuität geht auf die synthetisierenden Methoden der Instanz des „Ich" zurück. Wird die Entwicklung eines ausgewogenen Verhältnisses zwischen Selbst- und Fremdwahrnehmung und des darauf aufbauenden stabilen Körperschemas gestört, wirkt sich dies einschränkend auf die Identitätsbildung aus und kann in psychotischen Entwicklungen münden. Erikson selbst geht auf diese Grundlagen der Entwicklung von Ich-Identität im frühkindlichen Stadium nicht weiter ein, beruft sich jedoch auf die Arbeiten des Ich-Psychologen Heinz Hartmann. Im folgenden sollen daher diese Grundlagen in Anlehnung an die Ausführungen von Volmerg und Taubert, die darüber hinaus Erkenntnisse von Margaret S. Mahler, Heinz Kohut und René Spitz einbeziehen, skizziert werden, um die Darstellung der Identitätstheorie zu konkretisieren (vgl. Volmerg 1978: 23 f.; Taubert 1994: 37 f.).

Die Trennung zwischen Ich und Nicht-Ich, zwischen dem Selbst und dem Objekt – meist die Mutter – markiert den Beginn der Identitätsbildung des Säuglings. Das Bewußtsein der Trennung zwischen dem eigenen Selbst und dem Objekt erlangt das Kind über Körpererfahrungen und -grenzen. Von zentraler Bedeutung ist dabei die Ausbildung des Körperschemas. Das Körperschema wird gebildet aus den seelischen Repräsentanzen des Körpers. Es gründet auf der Wahrnehmung innerer Vorgänge, die verbunden sind mit Nahrungsaufnahme und Berührungen, später auch mit der Wahrnehmung von Entfernung. Im Körperschema schlagen sich die Repräsentanzen des Körper-Ichs nieder. Eine Abgrenzung dieser Repräsentanzen des Körper-Ichs „innerhalb der symbiotischen Matrix der Mutter-Kind-Dyade"[22] (Volmerg 1978: 23) wird ermöglicht durch Erinnerungsspuren, die beim Säugling durch die andauernde Wiederholung der Koordination seiner Sinnesorgane bei der Bedürfnisbefriedigung entstehen. Auf die inneren Empfindungen des Säuglings gründet sich sein Selbstgefühl, auf das sich das Gefühl von Identität aufbaut.

> Die Wahrnehmung innerer Vorgänge, etwa die mit dem Füttern und der Reaktion auf Berührung verbundenen, die später durch die Wahrnehmung von Entfernung ergänzt werden, bilden die Grundlage der seelischen Repräsentanzen des Körpers als Körper-Schema. All das konstituiert den Kern der Idee des Ichs, des Zentrums, um das sich Erinnerungsspuren, Gefühle und Vorstellungen vom Selbst kristallisieren, strukturieren und organisieren. Diese werden allmählich von den intrapsychischen Repräsentanzen der Objekt-Welt unterschieden.
> (Mahler 1972, zit. n. Volmerg 1978: 23)

Das ausgewogene Verhältnis von Selbst- und Fernwahrnehung, die von Erikson angeführte Gleichzeitigkeit beider Wahrnehmungswei-

---

[22] Erwähnt sei in diesem Zusammenhang, daß es auch gegenläufige Konzeptionen zu der hier vorausgesetzten anfänglichen Symbiose zwischen Mutter und Kind gibt. Insbesondere in feministisch orientierten Ansätzen wird von Anfang

sen, gewährleistet also über die Ausbildung eines stabilen Körperschemas, daß das kindliche Selbst und das Objekt (die Mutter) als in Raum und Zeit identisch erlebt werden. In Folge der Loslösung von der Mutter und der Individuation des Kindes kommt es „zu einer Integration der Objekt-Repräsentanzen und der Selbst-Repräsentanzen zu einem einheitlichen Objekt und zu einem einheitlichen Selbst" (Volmerg 1978: 24), so daß eine „normale" Entwicklung in der deutlichen Trennung zwischen Subjekt und Objekt mündet, die klare Grenzen zwischen Selbst und Objektwelt beinhaltet. Erfahrungen können einem mit sich identischen Subjekt sowie einem mit sich identischen Objekt zugeordnet werden[23].

Kommt es zu „psychotischen Fehlentwicklungen", kann eine solche Differenzierung nicht vorgenommen werden, so daß sich Ich und Außenwelt vermischen und einzelne Teile nicht integriert werden können. Die anfänglichen Schwierigkeiten der Identitätsbildung sind mit der Ausbildung von einheitlichem Selbst und Objekt über die Integration von Objekt- und Selbstrepräsentanzen überwunden (vgl. Volmerg 1978: 24). „Die Kerne des Körper-Selbst und des psychischen Selbst verbinden sich und bilden eine übergeordnete Einheit" (Kohut 1973, zit. n. Volmerg 1978: 24).
Ich-Identität zu wahren bestünde somit in der Aufgabe, eine „Kontinuität der Selbst-Repräsentanz" (Volmerg 1978: 24) zu gewährleisten. Diese Aufgabe käme der Instanz des Ich zu. Erikson stellt dem „Ich" als Subjekt ein „Selbst" als Objekt gegenüber, das er von Hartmanns Begriff der Selbst-Repräsentanz ableitet. Das Ich ist „organisierende Zentralinstanz" (Erikson 1973: 191), dem ein im Laufe

---

an von zwei nicht symbiotisch miteinander verbundenen Individuen ausgegangen.
[23] Taubert weist noch auf die besondere Bedeutung des „Spiegelstadiums" für die Identitätsbildung hin und verweist auf den französischen Psychoanalytiker Jacques Lacan. Es wird davon ausgegangen, daß sich das Kind in den Augen der Mutter spiegelt und sich durch „den Glanz in ihren Augen" (Taubert 1994: 38) als liebenswert erlebt und schließlich sein Selbstbild „libidinös besetzt".

des Lebens veränderliches Selbst gegenübersteht. Dieses Selbst muß nun mit allen vergangenen und in der Zukunft möglichen Selbsten in Übereinstimmung gebracht werden. Dies gelte dann auch für das Körper-Ich – eigentlich Körper-Selbst – als „derjenige Teil des Selbst [...], der von unserem Dasein als Organismus bestimmt wird" (ebd.). Hier zeigt sich, daß der Körper in dieser Konzeption lediglich einen Teil der Identität ausmacht.

Deutlich wird, daß weder in Meads Identitätstheorie noch in Eriksons entwicklungspsychologisch-psychoanalytischer Identitätstheorie dem Körper ein durchgehend zentraler Stellenwert beigemessen wird. Der Körper ist in diesen Theorien entweder lediglich auf einer niederen Entwicklungsstufe von Bedeutung, oder er ist nur als Selbst-Objekt relevant. Ähnliches gilt für weitere Identitätskonzeptionen, die diesem Paradigma zuzuordnen sind, und im folgenden benannt werden.

3.2.4 Erving Goffman: Die beschädigte Identität

Erving Goffman (1922 - 1982) nähert sich der Identitätsthematik aus der Sicht der „beschädigten Identität". In seinem 1967 in deutscher Sprache erschienenen Werk "Stigma: über Techniken der Bewältigung beschädigter Identität"[24] kristallisiert Goffman aus der Analyse der Techniken, die von „Stigmatisierten" zur Bewältigung ihrer beschädigten Identität eingesetzt werden, zugleich allgemeingültige Identitätspraktiken für das „normale", sich selbst darstellende Individuum heraus (vgl. Goffman 1975; Dubiel 1976: 150). In der Tradition des Symbolischen Interaktionismus verhaftet, geht es Goffman um das Verständnis „beschädigter" Identität aufgrund der gegebenen realen sozialen Situation, in die die früheren Interaktionserfah-

---

[24] Titel der Originalausgabe: „Stigma. Notes on the Management of Spoiled Identity" (1963)

rungen der Interaktionspartner, sprich ihre biographischen Erfahrungen, hineinwirken (vgl. Haeberlin/Niklaus 1978: 15 ff.; 41).

Stigmatisiert sind nach Goffman jene Menschen, die typisierten Erwartungen nicht entsprechen können, und dies auch und gerade aufgrund bestimmter körperlicher Merkmale wie „Behinderungen". Der Körper ist bei Goffman demnach im Rahmen von Zuschreibungsprozessen relevant, also im Rahmen der dem Individuum zugewiesenen „sozialen Identität", die sich aus den in Rollen institutionalisierten Erwartungen an das Individuum speist. Goffman beschreibt nun, daß die manifest „Stigmatisierten" in der Interaktion mit „Normalen" eine Schein-Normalität (*phantom-normalcy*) herausbilden, indem sie Normalität fingieren, um überhaupt in Interaktion treten zu können. Dies gilt jedoch auch für die sogenannten „Normalen", die ebenfalls auf die Ausbildung einer Schein-Normalität angewiesen sind, da es ihnen wohl kaum gelingen kann, alle normierten und stereotypisierten Erwartungen vollständig zu erfüllen (vgl. Dubiel 1976: 150). Insofern weichen die „Normalen" ebenso von der Normalität ab, sind unter diesem Aspekt ebenfalls stigmatisiert. Neben der *phantom-normalcy* bilden die Individuen jedoch zugleich eine *phantom-uniqueness* heraus, da ihnen „die Gesellschaft" gleichzeitig auferlegt, einmalig und unverwechselbar zu sein. Auch hier muß das Individuum sich so verhalten, „als ob" es völlig einmalig wäre; dies ist aber nicht möglich, da es Symbole und Erwartungen mit anderen teilen muß, um mit ihnen interagieren zu können.

Neben der „sozialen" differenziert Goffman noch zwischen der „personalen" oder persönlichen" und der „Ich-Identität". Mit personaler Identität ist die „organisch-lebensgeschichtliche Einzigartigkeit" (Schmaus 2000: 214) einer Person gemeint, die auch eine kriminologische Identifizierung ermöglicht. Hier kommt noch einmal der Körper zum Tragen, da sich aus dem Namen und dem Körper einer Person in der Regel ein Informationskomplex ergibt, der die Identifizierung einer bestimmten Person ermöglicht (vgl. Goffman 1975: 74).

Durch bestimmte Techniken der Informationskontrolle kann das Individuum Stigma-Management betreiben. Es geht dabei um das „Handhaben kritischer Information über sich" (Goffman 1975: 117), indem Zeichen, die zu Stigma-Symbolen geworden sind, versteckt werden, wie es beispielsweise beim Namenswechsel der Fall sein kann, wenn der ursprüngliche Name ein solches Stigma-Symbol darstellt. In bezug auf körperliche Attribute beschreibt Goffman ein als „Kuvrieren" bezeichnetes Verhalten, mit dem z. B. Seh- und Hörbehinderungen zu „verstecken" versucht werden, indem durch Kopfhaltung in dem einen und Akustik in dem anderen Fall versucht wird, „normale" Sehgewohnheiten und Sprechlautstärke zu imitieren. Die hier angeführten Beispiele sind einem Jahrzehnte zurückliegenden, stark ausgrenzenden Verständnis von sogenannten Behinderungen zuzuordnen, das insgesamt kritisch zur Diskussion zu stellen ist und in Anbetracht der gesellschaftlichen Entwicklung in dieser Form nicht mehr stimmig ist. Dennoch sollen diese Beispiele hier jenseits der abstrakten Darstellung der Identitätskonzeption Goffmans angeführt werden, um die Bedeutung des Körpers in dieser Theorie zu illustrieren.

„Ich-Identität" wiederum ist nach Goffman nur vom Subjekt selbst erfahrbar. In Anlehnung an Erikson ist damit das subjektive Empfinden der eigenen Situation wie der eigenen Kontinuität und Eigenart gemeint, das vom Individuum in Folge seiner unterschiedlichen sozialen Erfahrungen im Laufe der Zeit erworben wird (vgl. Goffman 1975: 132). Goffman betont den subjektiven und reflexiven Charakter der Ich-Identität und schlüsselt alle drei Identitätskategorien und deren Zusammenspiel wie folgt auf:

> Der Begriff soziale Identität erlaubte uns, Stigmatisierung zu betrachten. Der Begriff persönliche Identität erlaubte

uns, die Rolle der Informationskontrolle im Stigma-Management zu betrachten. Die Idee der Ich-Identität erlaubt uns, zu betrachten, was das Individuum über das Stigma und sein Management empfinden mag [...].
(Goffman 1975: 133)

In diesem Zusammenhang und auch im Hinblick auf die im folgenden behandelte „Institutionenanlayse" Foucaults ist Goffmans Analyse sogenannter „totaler Institutionen", zu denen Gefängnisse, Kasernen und psychiatrische Kliniken zählen, interessant. Nach Goffman ist es in diesen repressiven Insititutionen schwierig, Ich-Identität aufrechtzuerhalten, da dort der Versuch unternommen werde, Ich-Identität in soziale Identität aufzulösen, indem zu erzwingen versucht wird, „objektiv geltende Normen" und „subjektive Bedürfnisdispositionen" in Übereinstimmung zu bringen (vgl. Dubiel 1976: 150). Es wird also angestrebt, den Mitgliedern solcher Institutionen einen neues „Selbst" aufzuerlegen, dessen Bedürfnisstruktur voll in der Institution aufgeht, so daß sich individuelles Verhalten und die institutionell vorgegebenen Ziele decken (vgl. Krappmann 1969: 112). Konkret bedeutet dies, daß sich die Ich-Identität „im Spannungsfeld von sozialer und ‚persönlicher Identität' aufzulösen" droht (Schmaus 2000: 214).

Goffman geht also vom verallgemeinerbaren Grenzfall der „beschädigten Identität" aus: Da es weder manifest Stigmatisierten noch „Normalen" gelingt, die ihnen zugewiesene soziale Identität in Gänze zu erfüllen, reagieren die Individuen mit der Inszenierung einer Schein-Normalität (vgl. auch Schmaus 2000: 213 f.). Hervorgehoben wird in diesem Identitätsmodell vor allem die individuelle Reaktion auf Zuschreibungsprozesse; dementsprechend findet hier auch nur die „Außenperspektive" des Körpers unter dem Aspekt von Identifizierung oder eben Stigmatisierung Berücksichtigung.

3.2.5 Jürgen Habermas: Die Ich-Identität

Jürgen Habermas (*1929) nahm Goffmans Begriffe der sozialen und persönlichen Identität auf und entwickelte ein an der Balance von sozialer und persönlicher Identität ausgerichtetes, umfangreiches Modell von Ich-Identität. Dieses Modell übetrug er unter der Fragestellung „Können komplexe Gesellschaften eine vernünftige Identität ausbilden?" auf kollektive Identitäten (vgl. Schmaus 2000: 214). Habermas sieht eine die individuellen Lebensgeschichten übergreifende Gruppenidentität als Bedingung für die Identität des einzelnen an. So beruht die auf dem Boden der Selbstidentifikation entstehende „symbolische Einheit der Person" auf der „symbolischen Realität einer Gruppe", da die „Merkmale der Selbstidentifikation intersubjektiv anerkannt sein" müssen, wenn diese zur Begründung der Identität einer Person dienen sollen (Habermas 1976b: 93). Schließlich muß ein Mit-sich-identisch-Bleiben des Einzelnen, das zugleich ein Sich-Unterscheiden von anderen bedeutet, von eben diesen anderen anerkannt werden (können).

Habermas hat sich mit seinem Modell von Ich-Identität um die systematische Rezeption der in den USA entwickelten Konzepte von Ich-Identität verdient gemacht[25] und damit die amerikanische Sozialpsychologie für die Diskussion in Deutschland erschlossen (vgl. Dubiel 1976: 150; Schmaus 2000: 214). In seinem Modell macht die Einheit der unverwechselbaren Lebensgeschichte eines Individuums dessen *persönliche Identität* aus, die „‚vertikal' die Konsistenz eines lebensgeschichtlichen Zusammenhangs [sichert]" (Dubiel 1976: 150). Die *soziale Identität* des Individuums bildet sich aus seiner Zugehörigkeit zu verschiedenen Bezugsgruppen und „garan-

---

[25] Habermas rekurriert auf drei verschiedene Theorietraditionen, nämlich die analytische Ich-Psychologie, zu der Erikson zählt, die kognitivistische Entwicklungspsychologie und den Symbolischen Interaktionismus, unter den u. a. Mead und Goffman subsumiert werden (vgl. Habermas 1976a: 67).

tiert ‚horizontal' die Erfüllbarkeit der differierenden Ansprüche aller Rollensysteme, denen die Person zugehört" (ebd.). Die Balance zwischen sozialer und persönlicher Identität macht nun nach Habermas die *Ich-Identität* aus, die durch eine paradoxe Interaktionstechnik hergestellt und aufrechterhalten wird:

> Einerseits insistiert die Person auf ihrer sozialen Identität, indem sie mit den Gegenspielern der jeweiligen Interaktionssitution im Rahmen normierter Erwartungen identisch zu sein versucht (phantom-normalcy); andererseits versucht sie, diese Identität als eine nur scheinhafte zu signalisieren, um nicht den Anspruch auf individuelle Unverwechselbarkeit aufgeben zu müssen (phantom-uniqueness). Ich-Identität ist schließlich [...] die Fähigkeit, die gestörte Balance jener zwei Fiktionen wiederherzustellen.

(Dubiel 1976: 150 f.)

Habermas beschreibt die Identitätsausbildung des Menschen als dreistufige Entwicklung, die schließlich in der Herausbildung jener Ich-Identität mündet, die zugleich die dritte und oberste Stufe seines Identitätsmodells bildet (vgl. Habermas 1976a: 63 ff.; Habermas 1976b: 92 ff.). Diese Identitätsstufen markieren zugleich das Hineinwachsen in die allgemeinen Strukturen des kommunikativen Handelns von Kindesbeinen an sowie die Qualifikationen des Rollenhandelns (vgl. Habermas 1976a: 78, Schema 3).

An unterster Stufe steht die an den Leib gebundene bzw. an dem Organismus haftende *„natürliche Identität"* des Kleinkindes, die es nach dem Heraustreten aus der symbiotischen Phase erlangt, indem es lernt, seinen Leib von der Umgebung, die noch nicht nach physischen und sozialen Objekten unterschieden wird, abzugrenzen (vgl. Habermas 1976a: 79; Habermas 1976b: 94).

Abgelöst wird diese unterste Identitätsstufe durch die zweite Stufe der „*Rollenidentität*", die sich an Traditionen, Rollen und Normen orientiert und mit jener Stufe des kommunikativen Handelns und Selbst-Bewußtseins einhergeht, in der ein Ich mit einem anderen Ich „so in Kommunikation tritt, daß beide einander reziprok als Ich erkennen und *anerkennen* können" (Habermas 1976b: 94, kursiv im Original). Diese auch als konventionell bezeichnete Identität zerbricht oder sollte in der Adoloszenzphase zerbrechen, in der der Jugendliche zwischen den Normen einerseits und den Grundsätzen zur Normerzeugung andererseits zu unterscheiden lernt. Damit wird eine kritische Distanz zu den Normen ermöglicht (vgl. ebd.: 94 f.), und es entsteht für das „Ich" zugleich die Notwendigkeit einer Identifikation mit sich selbst jenseits partikularer Rollen und vorgefundener Normen.

Es sollte sich schließlich die dritte und höchste Identitätsstufe herausbilden, nämlich die der „*Ich-Identität*" des Erwachsenen, die sich in der Fähigkeit bewährt, „neue Identitäten aufzubauen und zugleich mit den überwundenen zu integrieren, um sich und seine Interaktionen in einer unverwechselbaren Lebensgeschichte zu organisieren" (Habermas 1976b: 95). Dazu muß der Einzelne sein Ich (vgl. Habermas 1976a: 80) bzw. das Ich seine Identität

> sozusagen hinter die Linien aller besonderen Rollen und Normen zurücknehmen und allein über die abstrakte Fähigkeit stabilisieren, sich in beliebigen Situationen als derjenige zu repräsentieren, der auch angesichts inkompatibler Rollenerwartungen, und im Durchgang durch eine lebensgeschichtliche Folge widersprüchlicher Rollensysteme, den Forderungen nach Konsistenz noch genügen kann.
>
> (Habermas 1976b: 95)

Erst auf diesem dritten Niveau werden nach Habermas aus bloßen Rollenträgern Personen, die ihre Identität jenseits konkreter Rollen und Normsysteme behaupten können. Dies bedeutet im Hinblick auf die Entwicklung des moralischen Bewußtseins auch, daß eine Kritik des bis dahin „naturwüchsigen Prozesses der Bedürfnisinterpretation" (Habermas 1976a: 79) zu einer handlungsleitenden Kraft werden kann. Auch hier wird das reflexive Moment betont, das über die Reflexion der Normen hinaus in der „eigentümlichen Leistung von Identität" als „In-sich-Reflektiert-Sein eines in der Wendung zur Welt zugleich bei sich seienden Subjekts" (Habermas 1976b: 113) enthalten ist.

Auch in dieser Identitätskonzeption wird dem Körper lediglich auf der untersten Identitätsentwicklungsstufe jener leibgebundenen „natürlichen Identität" Bedeutung zugewiesen, ja es scheint sogar, daß eine Distanzierung vom Körper, seine Überführung in einen symbolischen Definitionsrahmen notwendig ist, um die höchste Stufe der „Ich-Identität" zu erreichen. Denn erst auf dem zweiten, auf die leibgebundene „natürliche Identität" folgenden Niveau, das wiederum die höchste Identitätsstufe vorbereitet, „wird die Identität von der körperlichen Erscheinung der Akteure abgelöst" (Habermas 1976a: 79). Mit der schrittweisen *Einverleibung* von symbolischen Allgemeinheiten und Handlungsnormen durch das Kind „wird seine natürliche Identität durch eine symbolisch gestützte Rollenidentität überformt. Körpermerkmale wie Geschlecht, physische Ausstattung, Alter usw. werden in symbolische Definitionen aufgenommen" (ebd.). Der eigene Körper, das eigenleibliche Spüren, das in der untersten Enwicklungsstufe anklingt, und der Körper des Anderen sind also gewissermaßen erst nach ihrer symbolischen Überführung für die reflexive Identitätsleistung relevant.

Eine solche Betrachtung des Körpers klingt bereits in den von Habermas zu Grundauffassungen verdichteten Theorien der USamerikanischen Ich-Identitäts-Forscher an. Danach ist der „Bildungsprozeß sprach- und handlungsfähiger Subjekte" (ebd.: 67) durch zunehmende Autonomie gekennzeichnet. Diese äußert sich in der Unabhängigkeit, die das Ich durch steigende Problemlösungsfähigkeiten im Umgang u. a. „mit der inneren Natur der kulturell interpretierten Bedürfnisse, der kommunikativ nicht verfügbaren Antriebe und des Leibes erwirbt" (ebd.: 68).

3.2.6 Lothar Krappmann: Die balancierende Identität

Lothar Krappmann (*1936) legte mit seinem 1969 erschienenen Werk „Soziologische Dimensionen der Identität. Strukturelle Bedingungen für die Teilnahme an Interaktionsprozessen" ein soziologisches Identitätskonzept „balancierender" Identität vor, das wie Erving Goffmans Identitätstheorie in der Tradition des Symbolischen Interaktionismus steht. Demzufolge wird Identität bei Krappmann nicht als festes Persönlichkeitsmerkmal, sondern als vom Individuum in der jeweiligen Interaktionssituation zu erbringende „interpretierende, kreative und balancierende Leistung" aufgefaßt (Haeberlin/Niklaus 1978: 42); Identität ist daher immer wieder neu herzustellen. Dies geschieht in Reaktion auf die divergierenden Erwartungen und Situationsdefinitionen der Interaktionspartner, aber auch der eigenen Ansprüche, wobei die lebensgeschichtlichen Erfahrungen des Individuums für die spezifischen Erwartungen der aktuellen Situation aufgearbeitet werden.

In Krappmanns Identitätskonzeption stehen die für das Ausbalancieren einer so verstandenen Identität notwendigen kognitiven Leistungen im Vordergrund, zu deren Gunsten die Körper-Leib-Thematik vollständig vernachlässigt wird (vgl. auch Gugutzer 2002: 42). Dieses Identitätsmodell soll hier dennoch Berücksichtigung finden, da es gerade im Hinblick auf die Vielzahl divergierender Anforderungen, denen die und der Einzelne in der individualisierten Gegenwartsgesellschaft ausgesetzt ist und die ihr/ihm schließlich eine „Balance der Extreme" abverlangen, von ganz besonderer Relevanz ist. Der Aufbau von Identität erfolgt also innerhalb eines Interaktionssystems, ist ein sozialer Prozeß, und Identität kann daher immer nur in bestimmten Situationen und unter anderen, die diese Identität anerkennen, „besessen" werden (vgl. Krappmann 1969: 35; 40).

Auch Krappmann rekurriert auf die von Goffman eingeführte Unterscheidung zwischen *sozialer* und *persönlicher* Identität. Er bezieht den Begriff der sozialen Identität entsprechend auf die Normen, mit denen das Individuum in der gegenwärtigen Interaktionssituation konfrontiert wird, den der persönlichen Identität auf die dem Individuum zugeschriebene Einzigartigkeit (vgl. Krappmann 1969: 208). Es kommt zur Ausbildung jener phantom-normalcy und der „als-ob"-Verhaltensweisen, da das Individuum den im Hinblick auf seine soziale Identität gestellten Erwartungen nicht voll entsprechen kann, sich dennoch so verhält, „als ob" es alle Normen erfülle. Gleichermaßen verhält es sich mit den Erwartungen im Hinblick auf die persönliche Identität des Individuums. Da das Individuum nicht ganz und gar einmalig sein kann, sondern Erwartungen und Symbole mit anderen teilen muß, um Interaktion mit ihnen überhaupt zu ermöglichen, ist es entsprechend zur Herausbildung einer „phantom uniqueness" gezwungen. Das Ausbalancieren aller Erwartungen stellt schließlich die Bedingung der Behauptung von *Ich-Identität* dar.

Diese Ich-Identität ist nicht „fester Besitz" des Individuums, sondern Bestandteil des Interaktionsprozesses und muß vor dem Hintergrund vergangener Interaktionserfahrungen je neu formuliert werden: „Ich-Identität erreicht das Indiviuum in dem Ausmaß, als es, die Erwartungen der anderen zugleich akzeptierend und sich von ihnen abstoßend, seine besondere Individualität festhalten und im Medium gemeinsamer Sprache darstellen kann" (Krappmann 1969: 208). Für Krappmann bezieht das Individuum seine Besonderheit, seine Individualität aus der Art, wie es balanciert. Die balancierende Ich-Identität wird als ständiger Versuch angesehen, sich gegen Nicht-Identität zu behaupten, die dem Individuum von zwei Seiten droht: Es kann die Balance in Richtung sozialer Identität verlieren, d. h. voll in den Erwartungen der anderen aufgehen, und es kann andererseits die Balance in Richtung persönlicher Identität verlieren, indem es die Erwartungen der anderen zurückweist und ganz und gar in der ihm in seiner persönlichen Identität angesonnenen Einzigartigkeit aufgeht (vgl. Krappmann 1969: 79 f.).

Identität wird vom Individuum also durch das Austarieren divergierender Erwartungen in einer Interaktionssituation erworben. Um seine Identität darstellen zu können, muß das Individuum demnach erfolgreich interagieren können. Dabei geht Krappmann von uneinheitlichen Situationsdefinitionen und Erwartungsinterpretationen auf seiten der Interaktionspartner aus, die jedoch „im Rahmen eines gemeinsamen Systems von geteilten Erwartungen und Bedeutungen und diese bezeichnenden Symbolen" stattfinden (Krappmann1969: 140). Erfolgreiche Interaktion verlangt demzufolge ein Ausbalancieren zwischen der Anpassung an Erwartungen und Situationsdefinitionen der Interaktionspartner einerseits und der Darstellung der eigenen Erwartungen, Bedürfnisse und Situationsdefinitionen andererseits. Divergierende Erwartungen sind sogar Voraussetzung dafür, daß sich Identität herausbilden kann. Das Individuum soll

> divergierende Erwartungen in seinem Auftreten berücksichtigen und dennoch Konsistenz und Kontinuität behaupten. Es soll einem vorläufigen Konsens über Interpretation der Situation zustimmen, aber seine Vorbehalte gleichfalls deutlich machen. Es soll sich um gemeinsame

eindeutige Handlungsorientierung durch identifizierbare Präsentation seiner eigenen Erwartungen bemühen und zugleich anzeigen, daß vollständige Übereinstimmung gar nicht denkbar ist. Es soll sich an der jeweiligen Interaktion beteiligen, aber in seiner Mitwirkung zugleich zum Ausdruck bringen, daß es auch an anderen partizipiert. Es soll als Interaktionspartner zuverlässig erscheinen und zugleich sichtbar machen, daß es auch anders handeln kann, anders schon gehandelt hat und anders auch wieder handeln wird. Dies alles soll Platz in der Identität finden, mit der das Individuum an Interaktionen teilnimmt und die es für jede Interaktion neu formuliert.

(Krappmann 1969: S. 56 f.; vgl. Haeberlin/

Niklaus 1978: 42)

Die Identität eines Individuums ist also in dieser Konzeption auf gelingende Balanceleistungen in Interaktionssituationen zurückzuführen. Damit das Individuum sich an Interaktionen erfolgreich beteiligen und seine Identität behaupten kann, muß es nach Krappmann im Laufe seines Sozialisationsprozesses identitätsfördernde Fähigkeiten erwerben.

Krappmann unterscheidet zwischen vier identitätsfördernden Fähigkeiten, und zwar *Rollendistanz, Empathie, Ambiguitätstoleranz* und *Identitätsdarstellung,* die für eine erfolgreiche Interaktion, die wiederum Voraussetzung für Identitätbildung und -darstellung ist, notwendig sind. Diese identitätsfördernden Fähigkeiten sollen hier kurz dargestellt werden: Rollendistanz meint die Fähigkeit des Individuums, sich von Rollenerwartungen und Normen zu distanzieren, sie zu reflektieren, schließlich auszuwählen und zu interpretieren. Eine begründete distanzierte Reaktion auf Rollenerwartungen setzt wiederum Empathie oder *role-taking* voraus, das die Fähigkeit bezeichnet, die Erwartungen, Absichten, Ansprüche und Bedürfnisse auf seiten des Interaktionspartners aus dessen Perspektive zu betrachten:

> Role taking ist ein Prozeß, in dem antizipierte Erwartungen ständig getestet und aufgrund neuen Materials, das der fortschreitende Prozeß liefert, immer wieder revidiert werden, bis sich die Interpretationen einer bestimmten Situation und ihrer Erfordernisse unter den beteiligten Interaktionspartnern einander angenähert haben. (Krappmann 1969: 145)

Während das sich in der Fähigkeit zur Rollendistanz ausdrückende Reflektieren und Interpretieren von Normen als erste Voraussetzung für die Errichtung und Wahrung von Identität erscheint (vgl. Krappmann 1969: 133), ist auch Empathie „sowohl Voraussetzung wie Korrelat von Ich-Identität" (ebd.: 143), da ohne die Fähigkeit, die Erwartungen der anderen zu antizipieren, die eigene Ich-Identität nicht formuliert werden kann.

Empathie wiederum ist auch für die nächste identitätsfördernde Fähigkeit, die Ambiguitätstoleranz notwendig. Ambiguitätstoleranz meint das interpretierende Aushalten-Können widersprüchlicher Rollenerwartungen und -beteiligungen sowie auch „einander widerstrebender Motivationsstrukturen" (Krappmann 1969: 155) bei sich und den Interaktionspartnern. Ambiguitätstoleranz ist nach Krappmann für die Identitätsbildung die wohl entscheidenste Variable, da Identitätsbildung voraussetzt, „konfligierende Identifikationen zu synthetisieren" (Krappmann 1969: 167). Dies ist eben auch im Hinblick auf jene „Balance der Extreme" besonders bedeutsam, die dem Individuum angesichts der zahlreichen und widersprüchlichen lebensweltlichen Anforderungen der Gegenwart abverlangt wird.

Die Identitätsdarstellung als vierte identitätsfördernde Fähigkeit schließlich bezeichnet die Fähigkeit einer Person, ihre Identität in die Interaktion einzubringen und damit den Interaktionspartnern die eigenen Fähgkeiten zur Ambiguitätstoleranz, Empathie und Rollendistanz vorzuführen. Auf der Basis übernommener Erwartungen geht es nun darum, im Rahmen einer gelungenen Identitätspolitik die eigene persönliche Identität darzustellen. Auch die Fähigkeit zur Identitätspräsentation ist Voraussetzung und Folge der Ich-Identität zugleich (vgl. Krappmann 1969: 168).

Identität ist auch bei Krappmann durch einen Prozeß zunehmender Autonomie gekennzeichnet, der sich in andauernder Interaktion, Kommunikation und Interpretation herausbildet (vgl. Taubert 1994: 47). Ich-Identität bleibt dabei Bestandteil des Interaktionsprozesses. Diese wird durch das Austarieren der an das Individuum herangetragenen Erwartungen und eigener Bedürfnisse erreicht, auf deren Basis es seine besondere Individualität herausbildet und durch das Medium gemeinsamer Sprache vermittelt. Ganz allgemein geht es um die Integration der Erwartungen anderer und eigener Bedürfnisse in eine erfolgreiche Interaktion ermöglichende Ich-Identität (vgl. Krappmann 1969: 150). Ich-Identität und Interaktion bedingen sich also gegenseitig, denn Ich-Identität wird nicht nur im Interaktionsprozeß gebildet, sondern ist auch für dessen erfolgreichen Fortgang notwendig. Der Entwicklungsprozeß resultiert „in einem Individuum, das mit kritischen und kreativen Fähigkeiten gesellschaftliche Normen und Strukturen verändern kann" (Taubert 1994: 47; vgl. Haeberlin/Niklaus 1978: 41 ff.; Taubert 1994: 66 ff.; Volmerg 1978: 19 f.).

3.2.7 Resümee

Es zeigt sich, daß insbesondere die Sprache im Vordergrund der hier behandelten Identitätstheorien des sozialpsychologischen Paradigmas steht, wie sich vor allem an George Herbert Meads Identitätskonzeption ablesen läßt[26]. Dies läßt sich nicht zuletzt aus der Vormachtstellung des „Geistes" in den philosophischen Ursprüngen dieser Identitätstheorien erklären, die letztlich auf dem cartesianischen Dualismus und seiner Betonung der „res cogitans" beruhen. Es ergeben sich geschlossene Konzeptionen von Identität insbesondere in den „klassischen" sozialpsychologischen Identitätstheorien. Schließlich geht es in diesen Identitätstheorien vornehmlich darum aufzuzeigen, wie durch die Herstellung und Aufrechterhaltung von Kontinuität und Kohärenz Handlungsfähigkeit und Autonomie des Einzelnen im (relativ stabilen) gesellschaftlichen Umfeld garantiert werden können.

Auch die bereits von George Herbert Mead herausgestellte Reflexivität als zentrale identitätsbildende Leistung des Einzelnen bleibt schließlich ein grundlegendes Kriterium gelingender Identität auch in modernen Identitätstheorien. So definiert Jürgen Straub (1998: 92) Identität in Anlehnung an einen gestaltpsychologischen Begriff als „gute Gestalt", die in sich stimmig ist, als synchron und diachron geordnete Struktur. Identitätsbildende Akte sind dabei nach Straub vor allem nachträgliche Leistungen. Hierzu zählen zum einen die bewußten und vorbewußten reflexiven Akte der Identitätsbildung als auch die aus psychoanalytischer Sicht unbewußten Vorgänge der „Ich-Synthese" (vgl. ebd.: 93). Identität ist vom Individuum selbst herzustellen und daher als Konstrukt anzusehen, das nur situative Gültigkeit hat: „Identität ist ein immer nur vorläufiges Resultat kreati-

---

[26] Insbesondere Anselm Strauß (1916 – 1996) hat in seinen Werk „Spiegel und Masken. Die Suche nach Identität" (dt. 1968; Orig.: „Mirrors and Masks. The Search for Identity", 1959) im Anschluß an die Identitätskonzeption von George Herbert Mead die Bedeutung von Sprache in Identitätsbildungsprozessen betont. Identitätswandel vollzieht sich nach Strauß durch das Medium der Sprache. Jedem biographischen Stadium entspricht demnach eine bestimmte Terminologie, so daß sich Identität hier als „Adäquanz des sprachlich artikulierbaren Selbstdeutungsschemas eines Individuums zu dem jeweiligen Stadium seiner psychosozialen Entwicklung" definieren läßt (vgl. Dubiel 1976: 149; vgl. auch Huber/Krainz 1987: 475).

ver, konstruktiver Akte, man könnte fast sagen: sie ist geschaffen für den Augenblick" (ebd.).

Dieser Definition zufolge sind solche kreativen identitätsbildenden Akte insbesondere sprachliche Akte. Der Leib hingegen ist hier lediglich Bestandteil der numerischen Identität, die die Identifizierbarkeit einer Person garantiert, kann jedoch, so Straub, keine Antwort auf die Identitätsfrage geben (vgl. Straub 1998: 97). Allenfalls wird eingeräumt, daß sich „am Leitfaden des Leibes" zwar das Bewußtsein des „irreduziblen Eigenseins", der Unverwechselbarkeit und Unersetzbarkeit des Individuums herausbildet (vgl. Assmann 1997: 131), Identität wird jedoch auf Wissen und Reflexion zurückgeführt[27]. Demzufolge wären nur bewußt eingesetzte, reflexive Körperakte – beispielsweise Körperformungstechniken wie Bodybuilding – identitätsbildend, keinesfalls jedoch das passive Leibempfinden[28].

---

[27] Aus kulturhistorischer Perspektive wird Kultur als Voraussetzung für menschliche Identität im Sinne einer Reflexionsleistung angesehen: Kultur bzw. die kulturelle Formation ist das Fundament für eine kollektive Identität, sie wird als „Identitätssystem" für eine Gruppe definiert (vgl. Assmann 1997: 140). Zugleich ist Kultur jedoch die Voraussetzung für individuelle bzw. persönliche Identität. Durch die Einbindung in kulturelle Prozesse gewinnt der Mensch eine Distanz zu dem Zwang zur Trieberfüllung und damit Raum zur Besinnung, der frei entschiedenes Handeln und somit Identität ermöglicht (vgl. ebd.: 137).
[28] So werden beispielsweise auch in Anthony Giddens' Identitätskonzeption reflexive (Körper-)Akte betont. In seinem Werk „Modernity and Self-Identity" (Giddens 1991) bezieht er den Körper ausdrücklich in die Reflexion des Selbst mit ein, sieht ihn sogar als Gestaltungsgrundlage für das moderne Selbst an: „[...] self and body become the sites of a variety of new lifestyle options" (Giddens 1991: 225). Giddens spricht von *body construction* and *control* - „[...] the body is becoming a phenomenon of choices and options" (Giddens 1991: 8) - und stellt damit auf die aktive, instrumentalisierende Funktion des Körper-Habens ab (vgl. auch Gugutzer 2002: 54 ff.).

3.3 Das Paradigma der Postmoderne

3.3.1 Theoretische Hintergründe zum Paradigma der Postmoderne

Während sich moderne sozialpsychologische Identitätstheorien zunehmend mit dem raschen sozialen Wandel und dem Aufbrechen sozialer Gefüge auseinandersetzen müssen, reagieren die als postmodern klassifizierten Identitätstheorien noch stärker auf zeitliche, räumliche und soziale Aufsplitterung. Zu den Kennzeichen der sogenannten „Postmoderne" zählen Fragmentierung, Pluralisierung, Karnevalisierung sowie der Verlust von „Ich" und „Tiefe" (vgl. Schöttker 2000: 424). Dekonstruktivismus und Poststrukturalismus sind den Theorien der Postmoderne nahe. Zu den grundlegenden Auffassungen dieser theoretischen Strömungen zält die These, daß Sprache Realität nicht repräsentieren könne, da sie ein „freies Spiel von Bedeutungszuweisungen" (ebd.: 425) darstellt. Differenz ist demnach wichtiger als Identität, das Fragmentarische passender als die Suche nach Zusammenhang (vgl. ebd.). Die als postmodern klassifizierten Identitätstheorien tragen diesen Faktoren Rechnung.

Das postmoderne Paradigma beinhaltet eine grundlegende Kritik der Identitätsvorstellungen in der abendländischen Philosophie seit Platon und steht damit zugleich im Widerspruch zu dem sozialpsychologischen Identitätsparadigma, das sich eben aus jener philosophischen Tradition heraus entwickelte. Zentraler Kritikpunkt ist dabei das identifizierende Denken, in dem das Verschiedene auf dasselbe zurückgeführt wird (vgl. Schmaus 2000: 214). Unter dieses Paradigma lassen sich verschiedene identitätskritische philosophische Strömungen fassen, die sich insgesamt auf die Kritische Theorie sowie den Poststrukturalismus und ihre grundlegenden Theoretiker Theodor W. Adorno und Jacques Derrida zurückführen lassen. Adornos Philosophie des Nichtidentischen übt dabei Kritik an der „Identität als universalem Zwangsapparat" (Schmaus 2000: 214) und deren Gewaltmechanismen. Derridas Philosophie der Differenz nimmt Abstand von der Idee des selbstmächtigen Subjekts. Mit der Vorstellung, daß alle sinn- und bedeutungskonstituierenden Oppositionen durch die Differenz von Zeichen produziert werden (vgl. Kuon 2000: 426), findet auch „das dezentrierte Subjekt, das Fremde und das Andere der Vernunft" (Schmaus 2000: 214) Berücksichtigung.

Im Mittelpunkt der Betrachtungen soll hier Michel Foucaults poststrukturalistisch-diskursanalytischer Identitäts- und Körperbegriff stehen, der ebenfalls als postmodern zu klassifizieren ist. Da postmoderne Identitäts- und Körperkonzeptionen wesentlich von den theoretischen Strömungen Poststrukturalismus und Diskursanalyse sowie von der Denkpraxis der Dekonstruktion beeinflußt sind, soll im folgenden zunächst eine kurze Darstellung erfolgen.

Der französische Philosoph Jacques Derrida, einflußreichster Denker des *Poststrukturalismus*, bezeichnet das abendländische Denken als „Logozentrismus". Derrida betont, daß sich die Geschichte der philosophischen Denksysteme der westlichen Kultur durch die Aufrechterhaltung binärer hierarchischer Oppositionen auszeichnet: Kultur versus Natur, Subjekt versus Objekt, Selbst versus Anderes, Form versus Stoff und auch: Mann versus Frau. Er stellt fest, daß die Begriffspaare erst durch ihre Differenz zueinander definiert werden. Dabei wird jeweils ein Begriff als ursprünglich und zentral gesetzt, der andere als abgeleitet und marginal (vgl. Lindhoff 1995: 97). Geist, Gesetz, Bewußtsein und „Mann" sind dabei das Wesentliche, nicht-wesentliches Anderes sind u. a. Natur und auch „Frau". Ziel des von Derrida entwickelten Verfahrens der Dekonstruktion ist es aufzudecken, daß jene Differenzen, die die Welt scheinbar natürlich ordnen, „in Wahrheit prozeßhaft sich konstituierende Differenzierungen sind" (ebd.). Begriffe wie Geist oder Subjekt bezeichnen demnach keine Realitäten, sondern sind Setzungen.

Dekonstruktion meint ganz allgemein eine „Verschiebung, Entstellung und Subversion der Autorität von Seins-Bestimmungen" (Müller-Schöll 2000: 92). Sie stellt eine Denk- und Lesepraxis dar, in der die jeweilige Konstruktion von Phänomenen, Systemen oder Theorien analysiert und dabei die Ausgrenzungs- und Hierarchisierungsmechanismen deutlich gemacht werden, die einem bestimmten Subjekt oder Diskurs die Vormachtstellung einräumen. Die Auflösung solcher Konstruktionen und Ordnungen durch dekonstruktives Vorgehen hat zum Ziel, das bislang aus dem traditionellen Diskurs Unterdrückte deutlich hervortreten zu lassen (vgl. ebd.). In der Dekonstruktion geht es

> [...] ‚pauschal gesagt, darum, zu zeigen, wie sich in der Tradition des abendländischen Denkens von Sokrates bis in die Gegenwart die Dominanz eines Subjekts herausgebildet hat, das dadurch gekennzeichnet ist, dass es männlich ist, sprechen kann, Fleisch isst und eine Logik vertritt, die auf dem Prinzip der Widerspruchsfreiheit aufbaut.
>
> (Müller-Schöll 2000: 92)

Insofern die Dekonstruktion als Infragestellung einer Hermeneutik rezipiert wird, die einen verlorenen Sinn zu rekonstruieren beabsichtigt (vgl. ebd.: 93), stellt sie traditionelle Lesarten in den verschiedenen Disziplinen, so auch in den Sozialwissenschaften in Frage. In der traditionellen Hermeneutik wird davon ausgegangen, daß Verstehen Normen und Maßstäbe voraussetzt, also auf ein Tertium comparationis, einen Vergleichspunkt, zurückgreifen muß. In der Dekonstruktion wird nun davon ausgegangen, daß ein solches Drittes niemals anwesend, dennoch gleichzeitig für ein Verstehen notwendig ist. Als abwesendes Drittes ist es nicht bekannt, womit „Kommunikation, objektives Wissen, Identität und jede darauf basierende Vorstellung eines Gemeinwesens" (ebd.) schließlich in Frage zu stellen sind. In diesem Sinne stellt die Dekonstruktion eine „Zumutung" für die Sozialwissenschaften dar. Da es in dekonstruktiven Ansätzen jedoch zu einer anderen Definiton von Identität kommt, die sich mit und über den Körper ausdrückt, soll sie hier dennoch zentralen Stellenwert einnehmen.

Die in dem Prozeß der kulturellen „Setzungen" zentrale Instanz ist die Sprache. Sprache (das Signifikant, das Bedeutende) ist dabei nicht Ausdruck eines ursprünglichen Gedankens (Signifikat, das Bedeutete), sondern stellt ein unendliches Spiel dar, in dem alles auf anderes verweist. Sprache ist Ursprung, der doch keiner ist, sie ist „nichtursprünglicher Ursprung von Sinn". „Realität" ist somit durch Sprache nicht abbildbar, da Sprache ein „freies Spiel von Bedeutungszuweisungen" (Schöttker 2000: 425) darstellt. Wort und Begriff, Signifikant und Signifikat lassen sich schließlich nicht mehr trennen. Bedeutungen werden zu Effekten: „Die Bedeutung der Welt ist nur das Resultat wechselnder 'Diskurse'" (Lindhoff 1995: 73). In diesem Sinne gibt es keine Identität im Sinne von „Mit-sich-selbst-übereinstimmend-Sein".

Aus einer solchen Perspektive werden Bedeutungen zu Effekten, und ein Subjekt ist nicht länger „autonomer Urheber von Bedeutungen" (ebd.), sondern wird selbst erst hervorgebracht in einem dialektischen Prozeß sprachlicher Bedeutungszuweisung. Die Präsenz eines „sich selbst präsenten, analysierenden und reflektierenden Beobachter-Subjekts" (Kuon 2000: 426) wird als ideologische Konstruktion in Frage gestellt. Zentraler Gedanke des Poststrukturalismus ist, daß die kulturellen Systeme des Westens auf ihre Resultate fixiert sind und dabei ihre Genese vergessen, so daß sich schließlich Kultur als Natur ausgibt (vgl. Lindhoff 1995: 98).

Poststrukturalistische TheoretikerInnen, zu denen auch Michel Foucault zählt, thematisieren schließlich die ideologische Funktion von Diskursen und damit die Herrschaftsfunktion sprachlicher Systeme (vgl. Kuon 2000: 426). Diskurse sind dabei mehr als „ein Sammelbegriff für die Vielfalt aller sprachlichen Äußerungen"; Diskurs bedeutet „systematische Aussagen über einen Gegenstand" (Seitz 1994: 186). Diskurse können als „soziale Sprachen" bezeichnet werden, die zugleich „konkrete Praxisformen der Rede" und „institutionell geregelte Ordnungssysteme" sind (Lindhoff 1995: 73). Foucaults Diskursbegriff beinhaltet dabei nicht sämtliches irgendwann einmal über einen Gegenstand Gesagtes und Gewußtes, sondern das, was sich von diesem Wissen und den sprachlichen Äußerungen dauerhaft durchsetzt bzw. durchsetzen wird (vgl. Krasmann 1999: 33).

Diskurse konstituieren „Dinge" durch die Sprache, aus dem Sagbaren heraus. Sprache wiederum ist keine neutrale Bezeichnung, sondern sie produziert selbst wiederum Realität, so daß Diskurs und „eigentliche Tatsache" schließlich nicht mehr voneinander unterscheidbar sind. Diskurse beschreiben nicht die Wirklichkeit, sondern erschaffen sie zugleich. Vom Sagbaren wiederum ist das Sichtbare zu unterscheiden. Sichtbares wird aufgrund der Schaffung einer eigenen Realität durch die Sprache niemals durch Sagbares lediglich ausgedrückt: *„was man sieht, liegt nie in dem, was man sagt"* (Deleuze 1987, zit. n. Krasmann 1999: 36, kursiv dort).

Die „konstitutive Macht von Diskursen" entsteht aus der Simultaneität, aus dem „simultanen Auftauchen von Gegenständen" (Krasmann 1999: 36): Das Sichtbare und der sprachliche Ausdruck des Sichtbaren verschmelzen. Das, was sprachlich bezeichnet wird, existiert nicht schon vor der Bezeichnung, sondern es handelt sich um ein „wechselseitiges Voraussetzungsverhältnis". Realität und Konstruktion, Materialität und Sprache sind im Denken der Simultaneität nicht mehr dichotom, sondern fallen zusammen. Körper gehören dabei der „Ordnung des Sichtbaren" an (ebd.). Sie stellen eine Oberfläche dar, die durch Sprache bezeichnet wird, wobei die Bestimmungen dieser sprachlichen Bezeichnung von Körpern andere sein können als die sichtbare Materie - eben die zwei „Gegenstände", die sich in der diskursiven Simultaneität ergeben.

Mit Hilfe der weniger als Technik, sondern eher als eine „Art des Sehens" zu verstehenden *Diskursanalyse* läßt sich der Konstruktionsaspekt von Sachverhalten aufzeigen und die Einwirkung von Macht und Herrschaft zum Beispiel auf den Körper aufdecken. Diskursanalyse versucht generell, „die Abbildung sozialen Denkens und Handelns durch Geschriebenes und Gesprochenes zu analysieren und zu interpretieren" (Seitz 1994: 185) und rekurriert auf sprachphilosophische, poststrukturalistische, postmoderne, ethnomethodologische und psychoanalytische Theorien (vgl. ebd.: 184 f.). Es geht dabei nicht nur „um die inhaltlichen Aussagen, sonderen darum, auf welche Weise Zeichen und Sprache genutzt werden, um Diskurse (latent) zu verbreiten" (ebd.: 184).

In Michel Foucaults Variante der Diskursanalyse nimmt die soziale Bedeutung von Diskursen in Macht- und Herrschaftsverhältnissen zentralen Stellenwert ein. Foucault verfolgt das Ziel, Sprechweisen aufzuzeigen und zu systematisieren, die nämlich gesellschaftliche Phänomene wie Wahnsinn, Sexualität sowie Vorstellungen von Wissen und Wahrheit erst organisieren (vgl. Drügh 2000: 494). Indem Diskurse nicht mehr nur formal als symbolische Ordnungssysteme untersucht, sondern auch die Herrschaftsfunktionen sprachlicher Systeme thematisiert wurden, gewann die Diskursanaylse ideologiekritisches Potential (vgl. Lindhoff 1995: 73). Diskurse erweisen sich gleichsam als „Inszenierung gesellschaftlicher Machtverhältnisse" (Seitz 1994: 186) – Vermehrung von Diskursen führt zu Machtvermehrung; individuelle Verhaltensweisen werden schließlich von gesellschaftlicher Macht geprägt. „Diskurse inszenieren, transportieren, zementieren und reproduzieren Ungleichheitsverhältnisse [...]" (ebd.).

Das diskursanalytische Vorgehen löste darüber hinaus eine disziplinübergreifende Diskussion um die „Auflösung des Subjekts" aus, da auch das Subjekt schließlich nicht mehr als „selbstmächtig" (Osinski 1998: 108) angesehen wird, sondern – wie andere Institutionen (Macht/Wissen, Sprache) – ebenfalls diskursiv entsteht. Dabei leugnet jedoch insbesondere Foucaults Diskursbegriff keinesfalls jegliche Materialität, sondern bezeichnet die je historisch konkrete Ausprägung (von Subjekten oder Körpern). Somit kann aus Foucaults Analysen nicht der „Tod des Subjekts" abgeleitet werden, sondern es gilt, die jeweilige Ausbildung von Subjektivität als spezifische historisch-konkrete und politische Variante anzusehen und diese zu analysieren: Das Subjekt besitzt „die Realität einer Form" (Macherey 1991, zit. n. Krasmann 1999: 38). Foucault verwirft demnach nicht „Konzepte des Körpers und der Materie als solche" (Krasmann 1999: 39), sondern stellt lediglich „ihre epistemologischen Voraussetzungen in Frage" (ebd.).

Identitätskategorien stellen sich diskursanalytisch als eben nicht naturhaft gegeben heraus, sondern erweisen sich als diskursive, je historisch veränderbare Formationen. Identitäten werden somit über kulturelle Symbole erzeugt (vgl. Schmaus 2000: 214).

3.3.2 Michel Foucaults Subjektbegriff

3.3.2.1 Identität als Unterwerfung des Subjekts: Der unterjochte Körper

Michel Foucault (1926 – 1984) selbst formulierte Anfang der 1980er Jahre, Ziel seiner Arbeit der vorausgegangenen 20 Jahre sei der Entwurf einer Geschichte der unterschiedlichen Verfahrensweisen, wie Menschen in unserer Kultur zu Subjekten gemacht werden (vgl. Foucault 1987a: 243). Foucault weist „Subjekten" dabei keine transzendentalen Eigenschaften zu, sie sind für ihn nicht autonom oder souverän, sondern gleichsam „Produkte ihrer Zeit", historische Konstrukte. Für Foucault gibt es keine ahistorische „universelle Form des Subjekts, die man überall wiederfinden könnte" (Foucault 1985, zit. n. Näcke/Park 2000: 12), vielmehr stellt das Subjekt eine „historische und kulturelle Realität" dar (Foucault 1980, zit. n. Visker 1991: 105).

Dabei stehen epochenspezifisch sowohl unterschiedliche Subjektformen als auch verschiedene Weisen, sich selbst als Subjekt zu erfahren, zur Verfügung: Subjekte sind sozusagen als historische Formationen aktueller Seinsbedingungen anzusehen. Subjekte sind demnach wandelbar, und da ihnen keinerlei transzendentale Eigenschaften zugeschrieben werden, verweigert sich Foucault auch der klassischen Identitätsfrage: „Man frage mich nicht, wer ich bin, und man sage mir nicht, ich solle der gleiche bleiben" (Foucault 1969, zit. n. Dreyfus/Rabinow 1987: 15). Statt „Wer bin ich?" hieße es bei

Foucault „Was kann ich bei der gegenwärtigen Ordnung des Seins sein?"[29] [30].

Das Subjekt wird von Foucault nicht als Substanz mit einem überzeitlichen festen Wesenskern gedacht, sondern als Form, deren Inhalt von den historisch konkreten Möglichkeiten abhängt und nicht immer mit sich identisch ist (vgl. Foucault 1985, zit. n. Näcke/Park 2000: 19). Foucault lehnt eine aus wissenschaftlichem Denken hervorgegangene „feste Erzeugungsregel", die dem Menschen ein „wesentliches Ziel" vorgibt (Foucault 1996, zit. n. Näcke/Park 2000: 12), ab, da sich hierin eine Normativität verbirgt, die den Menschen einem „objektiven Wissen" unterwirft. Wie sich zeigen wird, bilden nach Foucaults Analysen „Wissen" und „Macht" ein Spannungsfeld, aus dem das Subjekt „diskursiv" hervorgeht. Die „Subjektivierungsprozesse" verlaufen dabei im wesentlichen über den Körper, der sich als Adressat von Macht erweist. Aus Foucaults Wissenschaftskritik läßt sich schließlich die Ablehnung eines Identitätszwangs im Sinne eines definierten, stabilen und für positiv erachteten Ziels der „Menschwerdung" ableiten.

Die Verfahren, durch die Menschen zu Subjekten gemacht werden, nennt Foucault „Objektivierung", und er unterscheidet in unserer Kultur zwischen drei Weisen der Objektivierung, die er in seinen

---

[29] Einige der hier dargelegten Ausführungen zum Werk Michel Foucaults gehen zurück auf meine Mitschriften von Vorträgen anläßlich der Frankfurter Foucault-Konferenz vom 27. bis 29.09.2001 unter dem Titel „Michel Foucault – Zwischenbilanz einer Rezeption". Die Mehrzahl der Vorträge wurde im Jahr 2003 in dem von Axel Honneth und Martin Saar herausgegebenen Sammelband „Michel Foucault – Zwischenbilanz einer Rezeption. Frankfurter Foucault-Konferenz 2001" im Suhrkamp Verlag veröffentlicht. Hier eingebrachte Zitate aus den jeweiligen Vorträgen, die auf meine Mitschriften zurückgehen, werden im Fußnotentext kenntlich gemacht, der im Falle der nachträglichen Vortragsveröffentlichung um die jeweilige Literaturangabe ergänzt wurde.

[30] Mitschrift Frankfurter Foucault-Konferenz: Vortrag von Judith Butler; vgl. auch Butler 2003: 65

Werken analysiert (vgl. Foucault 1987a: 243). Objektivierung ist als Vergegenständlichung, als Nutzbarmachung des Menschen zu fremden Zwecken aufzufassen. Zunächst nennt Foucault die Wissenschaften, genauer jene „Untersuchungsverfahren, die sich den Status von Wissenschaften zu geben versuchen" (ebd.), die Vorgaben für die Bestimmung des Subjekts machen. Als zweite Objektivierungsweise führt er die sogenannten „Teilungspraktiken" an, die das Subjekt zu einem Gegenstand machen. Gemeint ist entweder eine innere Teilung des Subjekts oder dessen Abtrennung von anderen. Foucault führt hier die Aufteilung in Gesunde und Kranke, geistig Normale und Verrückte sowie Kriminelle und „Anständige" an. Als dritte Objektivierungsweise untersucht Foucault schließlich die Art und Weise, wie der Mensch sich selbst zu einem Subjekt macht. Er illustriert dies am Beispiel der Sexualität[31], indem er darlegt, wie der Mensch sich als Subjekt einer Sexualität zu erkennen lernt. Diese steht nach Foucault im Zentrum der Identität heutiger Subjekte, sie wird „zu dem Wesen des individuellen Menschen und zum Kern persönlicher Identität" erklärt (Dreyfus/Rabinow 1987: 202). Sie bindet die Subjekte zugleich in die bestehenden Herrschaftsverhältnisse ein, da in der modernen Gesellschaft Herrschaftsformen an sexuelle Identität gebunden sind.

Wichtig ist in diesem Zusammenhang zu betonen, daß Subjektivität von Foucault nicht, wie in den Sozialwissenschaften üblich, als Widerstandspotential zur entfremdenden Objektivierung verstanden

---

[31] Foucault zufolge wird Sexualität nicht aufgrund biologischer oder psychologischer Faktoren, sondern durch den Diskurs zu einem mächtigen, irrationalen Trieb erklärt, den es durch „individuelle Selbstprüfung und kollektive Kontrolle" (Dreyfus/Rabinow 1987: 199) zu bändigen gilt. Damit wird Sexualität zur Machtstrategie, um Individuen in die Bio-Macht einzubeziehen. Der Begriff der Bio-Macht verbindet „die verschiedenen politischen Körpertechnologien, die Diskurse der Humanwissenschaften und die in den letzten 250 Jahren [...] artikulierten Herrschaftsstrukturen" (Dreyfus/Rabinow 1987: 216), stellt also die Verflechtungen zwischen Körper und Wissen, Diskurs und Macht dar (vgl. ebd.: 200).

wird, sondern im Gegenteil die gesellschaftliche Kontrolle im Subjekt verankert ist[32]. Die Subjektwerdung des Menschen, die Subjektivierung, ist also nicht als Gegensatz zur Objektivierung aufzufassen, sondern ist gleichermaßen durch gesellschaftliche Vorgaben bestimmt.

Das Subjekt geht grundsätzlich aus der Gesellschaft hervor, es wird erzeugt in Prozessen der Subjektivierung mittels Techniken der Subjektivierung: Es gibt kein Subjekt im „Naturzustand", vor der Subjektivierung[33]. „Assujetissement", der französische Ausdruck für Subjektivierung oder Subjektivation als Sicherstellung und Verortung des Subjekts (vgl. Butler 2001: 87), bezeichnet zugleich die Subjektwerdung und Unterwerfung – eine Doppelbedeutung, die bezeichnend ist für Foucaults Analysen. Der Prozeß der Subjektivation verläuft dabei wesentlich über die Disziplinierung des Körpers.

Macht ist konstitutiver Bestandteil dieser Subjektivierungsprozesse, die dem Subjekt zwar auferlegt, aber zugleich von diesem akzeptiert werden, was eben in jenem Begriff „assujetissement", der „subjektivierende Unterwerfung"[34] meint (vgl. Visker 1991: 98), zum Ausdruck kommt. Macht bringt über die Disziplinierung des Körpers eine bestimmte Form von Subjektivität, Individualität hervor, über die sich

---

[32] Mitschrift Frankfurter Foucault-Konferenz: Vortrag von Manfred Moldaschl

[33] Mitschrift Frankfurter Foucault-Konferenz: Vortrag von Paul Veyne; vgl. auch Veyne 2003: 43

[34] Diese subjektivierende Unterwerfung bringt ein *„gedoppeltes Subjekt"* hervor (Rüb 1990, zit. in Näcke/Park 2000: 20, kursiv dort). Das Subjekt ist einerseits Subjekt seiner Handlungen, andererseits Subjekt in den Augen der Machtinstanzen, damit diesen unterworfen (vgl. Hafiz 1997, zit. in Näcke/Park 2000: 17). Dieses gedoppelte Subjekt ist gekennzeichnet durch die Gleichzeitigkeit von Selbstunterwerfung und -konstitution sowie dem Unterworfen- und Konstituiert-Werden (vgl. Näcke/Park 2000: 25). Das Subjekt wird durch Machtausübung unterworfen und unterwirft sich zugleich aktiv, da in der Macht seine Handlungsmöglichkeiten enthalten sind. Mit der Veränderbarkeit von Machtverhältnissen ergibt sich zugleich eine Veränderbarkeit der „Subjektgestalt" wie der Identität des einzelnen Subjekts (vgl. ebd.).

schließlich auch „Identität" als Teil der Unterwerfung unter gesellschaftliche Machtpraktiken ableiten läßt. Foucaults Machtbegriff ist dabei nicht als repressiv zu verstehen; Macht ist vielmehr integraler und konstitutiver Bestandteil von Gesellschaft insgesamt, sie ist das jeglicher zwischenmenschlicher Interaktion oder sozialen Beziehung innewohnende Moment und im Subjekt selbst verankert: Macht ist schließlich nicht lokalisierbar, sondern stellt eine Relation dar, bezeichnet eine Beziehung, ein „strategisches Verhältnis zwischen zwei Relata" (Visker 1991: 101).

Machtausübung wird von Foucault als eine „Weise der Einwirkung auf die Handlungen anderer" definiert (Foucault 1987a: 255). Da in Gesellschaft leben bedeutet, gegenseitig auf sein Handeln einzuwirken (vgl. ebd.), ist Macht demzufolge inhärenter Bestandteil von Gesellschaft. Macht wird dabei nur über freie Subjekte ausgeübt, d. h. Subjekte, die aus einem „Feld von Möglichkeiten" (ebd.) unterschiedliche Reaktionen und Verhaltensweisen generieren können.[35] Macht ist demnach nicht gut oder schlecht, sie „funktioniert einfach"[36]. Honneth bezeichnet diese Machtform als „Tiefenschicht sozialer Macht":

> Unter „Macht" soll nämlich das Ergebnis eines Prozesses verstanden werden, in dem Individuen einem gesellschaftskonstitutiven Netz sozialer Regeln dadurch unterworfen werden, dass sie dieses durch wiederholte Formen

---

[35] Entfällt diese Freiheit, wird nicht Macht, sondern Gewalt ausgeübt - so ist nach Foucault beispielsweise die Sklaverei kein Machtverhältnis, sondern ein physisches Zwangsverhältnis: Auf den Sklaven wird nicht Macht, sondern Gewalt, physischer Zwang ausgeübt. Machtbeziehungen im Sinne von repressiven Verhältnissen, die sich durch ein Fixieren und Gerinnen von Macht auf der einen und eine Minimalisierung von Freiheit auf der anderen Seite, also schließlich durch eine „bleibende Asymmetrie" auszeichnen, werden von Foucault als Herrschaft bezeichnet (vgl. Visker 1991: 120 f.).
[36] Mitschrift Frankfurter Foucault-Konferenz: Vortrag von Klaus Ronneberger

der disziplinierten Einübung in ihrem psychophysischen Habitus vollständig zu übernehmen lernen.

(Honneth 2001: 3)

Die Einübung dieser Regeln erfolgt dabei durch die „wiederholte Aufzwingung von geradezu körperlichen Verhaltensweisen" (ebd.). Deutlich werden diese Zusammenhänge insbesondere in Foucaults Gefängnisstudie „Überwachen und Strafen. Die Geburt des Gefängnisses" (Foucault 1976), die 1975 unter dem Originaltitel „Surveiller et punir. La naissance de la prison" erschien. Die darin von Foucault beschriebene Subjektivation des Häftlings durch Haft und Invasion läßt sich als beispielhaft für den Prozeß der Subjektivation und die diskursive Erzeugung von Identität überhaupt lesen (vgl. Butler 2001: 83). Der Prozeß der Subjektivation verläuft dabei wesentlich über den Körper, der sich diskursiv herausformt, indem Verbote, Gebote und „Normalisierungsrituale" (ebd.: 81) auf ihn einwirken. Subjektivation meint schließlich die Erschaffung eines Subjekts, seine Bindung an eine ebenfalls diskursiv konstituierte Identität, hier ist es die Identität eines Häftlings (vgl. ebd.: 81 ff.). Identität wird im „Diskurs" produziert, indem dieser „ein Reglementierungsprinzip bereitstellt und durchsetzt, das das Individuum zutiefst durchdringt, totalisiert und vereinheitlicht" (ebd.: 83).

Darüber hinaus hat Foucault zufolge das Gefängnis bzw. das „Kerkergewerbe" schließlich die Humanwissenschaften geschichtlich erst ermöglicht, indem es eine spezifische neue Spielart der Macht hervorgebracht hat, auf die sich die Humanwissenschaften gründen und die diese zugleich erforderlich machte. Der Mensch wird darin als bestimmtes Objekt erschaffen, das er sich schließlich selbst aneignet – das Subjekt konstituiert sich „als Objekt für sich selbst"[37]:

> Eine bestimmte Politik des Körpers, eine bestimmte Methode, die Anhäufung der Menschen gefügig und nützlich

zu machen, machte die Eingliederung bestimmter Wissensbeziehungen in die Machtverhältnisse erforderlich; sie verlangte nach einer Technik zur Verflechtung der subjektivierenden Unterwerfung und der objektivierenden Vergegenständlichung; sie brachte neue Verfahren der Individualisierung mit sich. [...] Der erkennbare Mensch (Seele, Individualität, Bewußtsein, Gewissen, Verhalten ...) ist Effekt/Objekt dieser analytischen Erfassung, dieser Beherrschung/Beobachtung.

(Foucault 1976: 393 f.)

Macht und Wissen sind aufs engste miteinander verknüpft, so „daß es keine Machtbeziehung gibt, ohne daß sich ein entsprechendes Wissensfeld konstituiert, und kein Wissen, das nicht gleichzeitig Machtbeziehungen voraussetzt und konstituiert" (Foucault 1976: 39). Es gibt daher kein außerhalb des Macht-Wissen-Komplexes stehendes Erkenntnissubjekt, vielmehr sind das „erkennende Subjekt" (ebd.), das „zu erkennende Objekt" und die Erkenntnisweisen jeweils spezifische historische Ausformungen dieser Komplexe.

So kritisiert Foucault den Wissenschaftsanspruch der Humanwissenschaften, da sie die Beschreibung und Analyse von etwas a priori Existentem vorgeben, obwohl Foucault zufolge das zu untersuchende Objekt erst gleichzeitig mit dem sich ausbildenden (wissenschaftlichen) Diskurs entsteht: Objekt und Diskurs „kokonstituieren" sich (Visker 1991: 97). Die Macht fungiert dabei als Träger des Wissens, in dem Sinne, „daß sie zu einem Klima beiträgt, innerhalb dessen bestimmte Formen des Wissens entstehen können" (ebd.: 85). Es sind Machtmechanismen, die zu einem bestimmten Zeitpunkt ein Objekt als zu analysierendes Problem identifizieren und somit dieses Objekt gleichsam erst zustande bringen. Ein solches zu analysierendes Objekt ist beispielsweise das

---

[37] Mitschrift Frankfurter Foucault-Konferenz: Vortrag von Ulrich Bröckling; vgl. auch Foucault 1994, zit. in Bröckling 2003: 81

menschliche Verhalten, dessen sich die Humanwissenschaften annehmen. Das Objekt oder der Referent der Humanwissenschaften – Mensch, Seele, Individuum, auch „Delinquent" – ist ein Produkt, ein Fabrikat der Macht (vgl. ebd.).

Wichtig ist zu betonen, daß diese „Wissenschaften vom Leben" (Näcke/Park 2000: 13) eine bestimmte Rationalität und Vernunft herausbilden und diese auf Objekte anwenden; ein solches Objekt ist auch das menschliche Subjekt. Mit einer solchen Sicht auf das menschliche Subjekt wird dieses zugleich (sozial) normiert, da es eben an jener bestimmten Rationalität und Vernunft gemessen wird und dieses Bemühen um Erkenntnis und Definition des Menschen zugleich soziale Normen festlegt und reproduziert. Als eine solche Normierung läßt sich auch der Zwang zu einer stabilen, gleichbleibenden Identität ausmachen.

Mit dem Eintreten in den „Prozess der Erkenntnis eines Objektbereichs" konstituiert sich der Mensch zugleich „als Subjekt mit einem festen und determinierenden Status" (Foucault 1996, zit. n. Näcke/Park 2000: 14) und entfremdet sich auf diese Weise von sich selbst. Foucault beschreibt diese wissenschaftliche Praktik als

> eine bestimmte Art, Diskurse zu regeln und zu konstruieren, die einen bestimmten Objektbereich definieren und zugleich den Platz des idealen Subjekts festlegen, das diese Objekte erkennen soll und kann.
> (Foucault 1996, zit. n. Näcke/Park 2000: 14)

Der Körper fungiert dabei als Durchgangspunkt von Macht. Wissen und Macht – hier konkret der in der Wissenschaft verhandelte Körper und die spezialisierten Institutionen innewohnende Macht – nämlich gehen eine kraftvolle Verbindung ein, die sich am Körper festmacht und einen grundlegenden Machtmechanismus der abendländischen Gesellschaft darstellt (vgl. Dreyfus/Rabinow: 142).

Identität wird allgemein als Übereinstimmung mit gesellschaftlichen Vorgaben des Seins und somit als Teil der Unterwerfung des Subjekts gedeutet. Identitäten bilden sich nach Foucault gegenwärtig immer in bezug auf die Anforderungen des liberalen Staates, so daß auch von einer Identitätspolitik gesprochen werden kann, die politische Subjekte hervorbringt: Mit dem „Disziplinarapparat" des modernen Staates ist ein Typus von Individualität verknüpft (vgl. Butler 2001: 96 f.). Innerhalb des staatlichen Disziplinarapparetes wird demzufolge eine bestimmte Identität produziert und totalisiert. Foucault selbst thematisiert das Gefesselt- oder Verhaftetsein an die eigene, bestimmte Identität als Teil der unterwerfenden Subjektivierung. Identität meint hier aufgezwungene Individualität, meint das Verhaftetsein des Subjekts mit seiner eigenen Identität durch Bewußtsein und Selbsterkenntis. Eine Form von Macht, gegen die es aufzubegehren gilt, gibt schließlich die Antworten auf die Frage „Wer sind wir?" vor:

> Diese Form von Macht wird im unmittelbaren Alltagsleben spürbar, welches das Individuum in Kategorien einteilt, ihm seine Individualität aufprägt, es an seine Identität fesselt, ihm ein Gesetz der Wahrheit auferlegt, das es anerkennen muß und das andere in ihm anerkennen müssen. Es ist eine Machtform, die aus Individuen Subjekte macht. Das Wort *Subjekt* hat einen zweifachen Sinn: vermittels Kontrolle und Abhängigkeit jemandem unterworfen sein und durch Bewußtsein und Selbsterkenntnis seiner eigenen Identität verhaftet sein. Beide Bedeutungen unterstellen eine Form von Macht, die einen unterwirft und zu jemandes Subjekt macht.
>
> (Foucault 1987: 246 f., kursiv im Original)

Noch einmal zurück zu den Gefangenen, an deren Beispiel sich die über den Körper erfolgende „Subjektivation" veranschaulichen läßt: Die durch die Institution Gefängnis erfolgende Subjektivation dringt in den Körper der Insassen ein und belagert diesen durch die dort stattfindenden „Signifikationspraktiken" in Form von „Kontrolle, Beichte, Regulierung und Normalisierung der Körperbewegungen und Gesten" (Butler 2001: 82). Das Gefängnis wirkt auf den Körper des Gefangenen ein und zwingt ihn zur Annäherung an ein Ideal des Verhaltens und Gehorsams, woraus eine kohärente, totalisierende Individualität des Häftlings resultiert, der „zum Prinzip seiner eigenen Unterwerfung" wird (Foucault 1976: 260; vgl. Butler 2001: 82). Die Materialität von Mensch und Institution sind dabei miteinander verwoben, da der menschliche Körper vom Gefängnis"körper" geprägt und durchdrungen wird und umgekehrt sich die Materialität des Gefängnisses über den Körper definiert.[38]

Als Ziel der Disziplinarmacht läßt sich gleichsam die Herstellung eines Menschen[39] ausmachen, der als „'fügsamer Körper' behandelt werden konnte" (Dreyfus/Rabinow 1987: 164), wobei dieser Körper

---

[38] Mitschrift Frankfurter Foucault-Konferenz: Vortrag von Judith Butler, vgl. auch Butler 2003: 56 f. (Auch hier werden Analogien zwischen dem menschlichen und dem Gesellschafts-Körper deutlich.)

[39] Foucault führt am Beispiel der Institution Gefängnis aus, wie durch kontrollierende Disziplinartechniken *Menschen mit einer Seele* produziert werden; die Seele ist dabei „Gefängnis des Körpers" (Foucault 1976: 42). Diese Seele ist dabei nicht jene von der christlichen Theologie als „schuldbeladen und strafwürdig" (ebd.: 41) vorgestellte, sondern eine Seele, „die selber ein Stück der Herrschaft ist, welche die Macht über den Körper ausübt" (ebd.: 42). Als solche ist sie als von den Humanwissenschaften „erfundenes Objekt" (Mitschrift Frankfurter Foucault-Konferenz: Vortrag von Reinhard Kreissl) anzusehen. Diese Seele ist ein Machtwerkzeug, das den Körper heranzieht und formt - außerhalb der Macht gibt es keinen Körper. Sie ist ein imaginäres, normatives und normierendes Ideal zur Ausgestaltung und Formung des Körpers. Die Seele gibt dem Körper Gestalt und zugleich dem Gefangenen Dasein. Die Seele stellt also eine „produzierte Realität" dar (Visker 1991: 83). Als „Korrelat einer Machttechnik" (Foucault 1976, zit. n. Visker 1991: 83) und „Bezugspunkt für ein Wissen" fungiert die Seele als Bindeglied zwischen Macht, die Wissen ermöglicht, und Wissen, das verstärkend und erneuernd auf die Macht einwirkt. Den Körper gilt es dabei zu bezwingen. Butler zufolge geht Foucaults Begriff der Seele zurück auf die Aristotelische Auffassung von der Seele als Form und Prinzip der Materie des Körpers (vgl. Butler 2001: 87). Die Seele als normatives Ideal, das sich dem Häftling einprägt, wird von Butler mit einer Art psychischer Identität gleichgesetzt (vgl. ebd.: 82).

zugleich auch produktiv zu sein hatte. Der Körper[40] ist nach Foucault zu einem wesentlichen Teil eine von Macht- und Herrschaftsbeziehungen durchsetzte Produktionskraft, er unterliegt ökonomischer Nutzung und ist daher politisch besetzt:

> Aber der Körper steht auch unmittelbar im Feld des Politischen; die Machtverhältnisse legen ihre Hand auf ihn; sie umkleiden ihn, markieren ihn, dressieren ihn, martern ihn, zwingen ihn zu arbeiten, verpflichten ihn zu Zeremonien, verlangen von ihm Zeichen.
>
> (Foucault 1976: 37)

Die Bestrafungsrituale in den Gefängnissen können schließlich als paradigmatisch für die auf Individuen und Bevölkerungen ausgeübten Disziplinierungspraktiken gelten, die sich seit dem 18. und verstärkt im 19. Jahrhundert ausbreiteten. Dabei wurden die einzelnen Körperteile im militärischen Drill einem spezifischen Training unterworfen. Eine „Mikromacht" bemächtigt sich des Körpers als zu manipulierendes Objekt, die wiederum den Schlüssel zur Disziplinarmacht darstellt (vgl. Dreyfus/Rabinow 1987: 184; Foucault 1976: 175; 277). In der Folge bildet sich eine spezifische Körpertechnik heraus (vgl. Visker 1994: 89). Diese vor allem für das Frühstadium der Disziplinargesellschaft geltenden Beschreibungen lassen sich auf die Gegenwartsgesellschaft übertragen. So wird die moderne Ästhetisierung des Körpers als eine ebensolche Körperdisziplinierung gedeutet. Butler verweist zudem auf die über die Körperdiszi-

---

[40] Dreyfus und Rabinow verweisen auf Foucaults Nähe zur Leibauffassung Nietzsches sowie zu der von seinem ehemaligen Lehrer Maurice Merleau-Ponty entwickelten Phänomenologie des Leibes. Dessen Theorie des Eigenleibs, wonach im Körper ahistorische und transkulturelle, eben invariante Strukturen zu finden sind, ist im Hinblick auf Foucaults Analyse der Körperformungstechniken bedeutsam. Zwar sei Foucaults Verständnis zufolge von einer gewissen Beständigkeit des Körpers auszugehen, um überhaupt eine dauerhafte Organisation und Kontrolle zu ermöglichen, jedoch bleibt eine konkrete Bestimmung aus (vgl. Dreyfus/Rabinow 1987: 139 ff.).

plinierung erzeugte Geschlechtszugehörigkeit (vgl. Butler 2001: 82), die ebenfalls hegemonialen Interessen dient.

Focault betont, daß das menschliche Subjekt in Produktions- und Sinnverhältnissen, und damit auch in vielschichtigen Machtverhältnissen steht. So ist es für die sich herausbildende kapitalistische „Produktionsmaschinerie" unerläßlich, daß sich „disziplinierte, ordentliche Individuen" (Dreyfus/Rabinow 1987: 165) in die dazugehörigen Abläufe einfügen. Dazu bildete sich eine „Technologie des Körpers als Objekt der Macht" (ebd.: 164) heraus, die Foucault als Disziplinarmacht bezeichnet und deren Vervollkommnung er am Beispiel der Institution Gefängnis analysiert.

In der modernen Gesellschaft bedeutet Körper Foucaults Analyse zufolge nie nur biologischer Körper, sondern er ist zugleich „Adressat von Macht" (Hofmann 1999: 19). Foucault spricht von der politischen Besetzung des Körpers, von einer politischen Anatomie. Der politische Körper läßt sich beschreiben als

> Gesamtheit der materiellen Elemente und Techniken, welche als Waffen, Schaltstationen, Verbindungswege und Stützpunkte den Macht- und Wissensbeziehungen dienen, welche die menschlichen Körper besetzen und unterwerfen, indem sie aus ihnen Wissensobjekte machen.
> (Foucault 1976: 40)

Der Körper ist jedoch nicht nur Adressat von Macht, sondern zugleich konstitutiv für das unter den gegebenen Verhältnissen lebende Subjekt, wie aus Foucaults Gefängnisstudie hervorgeht: "Erst wenn der Körper bezwungen ist, kann vom Menschen die Rede sein" (Visker 1991: 88). Das Subjekt wird „produziert", indem der Körper untergeordnet, ja sogar zerstört wird, so daß das Subjekt auf

Kosten des Körpers erscheint (vgl. Butler 2001: 88)[41]. Foucault selbst spricht davon, daß sich die Ereignisse dem Leib einprägen und sich das Ich am Leib auflöst (vgl. Foucault 1978, zit. in Butler 2001: 88).

Doch die Disziplinierungstechnologien sind nicht nur auf die Körpertechnologie beschränkt. Foucault macht eine „Geständniskultur" aus und betrachtet das „Geständnis" als zentralen Bestandteil der Disziplinierungstechnologien[42]. Dieser Geständniszwang bildete sich zunächst über die kirchliche Beichte, später in psychoanalytischen Zusammenhängen heraus. Die Beichte als Bekenntnis des individuellen Subjekts erfolgt dabei sowohl in der Selbstreflexion wie in der Rede (vgl. Dreyfus/Rabinow 1987: 199; 205). Hierzu zählt insbesondere das Geständnis der eigenen Sexualität, die Foucault zufolge eine Machtstrategie darstellt, welche dazu dient, Subjekte in die bestehenden Herrschaftsverhältnisse einzubinden. Der Mensch vollzieht schließlich seine eigene Subjektwerdung, indem er sich als Subjekt einer Sexualität erkennt (vgl. Foucault 1987a: 243). Diese Erkenntnis ist Ergebnis eines Lernprozesses, in dem eben jene Geständniskultur eine zentrale Rolle einnimmt. Dem Menschen wird schließlich eine bestimmte Sexualität angeheftet, als deren Subjekt er sich erkennt. Das Verhaftetsein an seine eigene (sexuelle) Identität läßt sich damit als Teil der subjektivierenden Unterwerfung

---

[41] Offensichtlich erfordert die Schaffung der Werte, die Entstehung von Kultur eine Zerstörung und Umgestaltung des Körpers (vgl. Butler 1991: 192).

[42] Die Techniken zur Körperdisziplinierung wurden vor allem auf die arbeitenden Klassen und das Subproletariat angewandt, obwohl sie sich natürlich auf alle gesellschaftlichen Institutionen, so auch Schulen und Universitäten, ausweiteten. Der sich in der abendländischen Gesellschaft zunächst über die kirchliche Beichte, später in psychoanalytischen Zusammenhängen ausbildende Geständniszwang, den Foucault ebenfalls zu den sich ausdehnenden Technologien der Disziplinierung und Kontrolle von Körpern und schließlich der Gesellschaft zählt, war hingegen vornehmlich auf das Bürgertum ausgerichtet (vgl. Dreyfus/Rabinow 1987: 165; 200; 205).

deuten; gleichzeitig wird die Verbindung zwischen Identität und Macht deutlich.

Zu den Subjektivierungstechniken, die schließlich eine Art der Individualisierung zur Folge haben, das Individuum auf sich selbst zurückwerfen und zwanghaft an seine Identität fesseln, zählen demnach insbesondere jene „Bekenntnisprozeduren", die ihren Ursprung in der christlichen Beichte haben und in moderner Form innerhalb der Psychoanalyse stattfinden (vgl. Visker 1991: 117; Foucault 1987a: 246). Die unterstellte „Identitätsfixierung" erfolgt also durch Verbalisierung (vgl. Visker 1991: 181). Das sprachliche Bekenntnis bindet das Individuum an eine bestimmte, vorgegebene Identität, die einer Unterwerfung des Individuums unter gesellschaftliche Vorgaben gleichkommt. Deutlich wird hier das Wesen der subjektivierenden Unterwerfung: Das Subjekt konstituiert sich „als Objekt für sich selbst"[43], indem es sich zugleich einem „institutionellen Setting"[44] unterwirft, sich also sein eigenes Selbst mit von außen vorgegebenen Kategorien und Termini aneignet.

Zusammenfassend läßt sich feststellen, daß die Komplexe „Wissen" und „Macht" ein Spannungsfeld bilden, aus dem sowohl das Subjekt als auch der Körper diskursiv hervorgehen. Subjekt und Körper sind dabei durch eine Gleichzeitigkeit von Produktivität und Unterwerfung gekennzeichnet. Demnach läßt sich Identität sowohl als Teil der Unterwerfung des Subjekts, dessen Körper Adressat von Macht ist,

---

[43] Mitschrift Frankfurter Foucault-Konferenz: Vortrag von Ulrich Bröckling; vgl. auch Foucault 1994, zit. in Bröckling 2003: 81
[44] Bröckling (2003: 81) führt hierzu aus: „In den vielfältigen Verfahren der Selbstexploration, des Selbstbekenntnisses und der Selbstmodellierung sind gleichwohl Fremd- und Selbstführung unauflösbar ineinander verwoben: So sorgt sich der Gläubige in der Beichte um sein Seelenheil und unterwirft sich zugleich den kirchlichen Autoritäten. Diese Unterwerfung besteht jedoch gerade in einer reflexiven Faltung der pastoralen Macht: Der Beichtende erforscht sein Gewissen, bekennt sündhafte Gedanken, Worte und Taten und beweist Reue und Besserungswillen, indem er sorgsam die auferlegten Bußen ableistet. Zu all dem stellt ihm die Kirche wiederum Introspektionstechniken (Gewissenserfor-

lesen, aber auch als produktives schöpferisches Potential, das sich über die Aktivität des Körpers verwirklicht.

3.3.2.2 Identität als Lebenskunst: Der Körper als Kunstwerk

Aus Foucaults Studien läßt sich noch eine zweite Lesart von Identität ableiten, in der Identität als auf das Hier und Jetzt bezogene Lebenskunst erscheint, wobei der Körper als „Material" dieses Lebenskunstwerks fungiert. Diese Deutungsweise knüpft insbesondere an Foucaults Aussagen zur "Ästhetik der Existenz" an.

Aus der Tatsache, daß uns das eigene Selbst nicht gegeben ist, folgert Foucault, daß wir uns selbst als ein Kunstwerk erschaffen müssen. Für ihn ist das eigene Leben, die eigene Existenz sogar das entscheidende Kunstwerk, um das es sich zu bemühen gilt, auf das ästhetische Werte anzuwenden sind (vgl. Foucault 1987b: 274; 283). Von Bedeutung ist hier die Beziehung zu sich selbst, der Selbstbezug, den Foucault als Ethik bezeichnet (vgl. ebd.: 275). Foucault beschreibt die Entwicklung von der griechischen "Selbstsorge" hin zu einer Selbstkultur, die schließlich in einer perfekten "Selbstregierung" mündet, in der man sich selber führen muß „wie ein Regierender die Regierten führt, der Chef eines Unternehmens sein Unternehmen", so daß der Mensch gleichsam eine permanente politische Beziehung zu sich selbst aufbaut (ebd.: 284 f.).

Selbstsorge ist ein umfassender Begriff, der insbesondere eine Arbeit an sich selbst, die Aufmerksamkeit, Wissen und Technik bedarf, bezeichnet, gleichzeitig aber auch anderen, beispielsweise im Rahmen ärztlicher Behandlung, zuteil wird. Foucault betont, daß alle

---

schung), Analyseraster (Beichtspiegel) sowie ein institutionelles Setting (Beichtstuhl) zur Verfügung."

Techniken, daher auch die "Selbsttechniken", der Übung[45] bedürfen, so ist auch die Kunst des Lebens durch Übung an sich zum Beispiel in der Form von Meditationen zu erlernen (vgl. ebd.: 285). Diese Ausführungen lassen sich als Bestätigung moderner körperorientierter Meditationspraktiken wie ZEN oder Feldenkrais lesen[46] – die Sorge um sich wird zur leiblichen Praktik[47], zur Übung über den Körper; der Körper zum Kristallisationspunkt von Erfahrung überhaupt.

Das Selbst der Selbstsorge wird dabei im Verlauf erst hergestellt. Diese leiborientierte Interpretation stellt nicht unbedingt einen Widerspruch zu der zuvor ausgemachten Körperdisziplinierung dar, da es auch hier um eine Form der Selbstbeherrschung geht. Wohl aber steht das sinnstiftende Leibempfinden der beschriebenen Körperverdrängung seit der Antike entgegen, bei der der Körper eher eine *black box* bleibt. In jedem Fall ist jede Form der Aktivität unabänderlich verkörpert: Soziale Macht schreibt sich ebenso in den Körper ein, wie die Revolte dagegen auf der Ebene des Körpers stattfindet, und auch Lebenserfahrung und „-weisheit" werden ausschließlich über die körperliche Erfahrung erlangt. Im folgenden sollen nun die Grundlagen eines solchen Selbstverhältnisses dargestellt werden:

Antike Formen des Selbstverhältnisses bilden hier die Folie für moderne Formen der Subjektivität. Die sich im Selbstverhältnis des Individuums ausdrückende Subjektivierung, die „Ethik" oder „Ästhetik der Existenz", zeichnet sich durch vier Aspekte aus (vgl. Näcke/Park 2000: 18; Foucault 1987b: 274 ff.): die *ethische Substanz* als „Aspekt oder Teil meiner selbst oder meines Verhaltens, der moralischer Führung unterliegt" (Foucault 1994, zit. n. Näcke/Park 2000:

---

[45] Siehe hierzu Menke (2003)
[46] Mitschrift Frankfurter Foucault-Konferenz: Vorträge von Richard Shusterman; vgl. auch Hesse 2003: 303, Fußnote 9
[47] Mitschrift Frankfurter Foucault-Konferenz: Vortrag von Heidrun Hesse, vgl. auch Hesse 2003: 302 f.

18), den *Unterwerfungsmodus des Individuums* als „Art und Weise, in der die Leute aufgefordert oder aufgestachelt werden, ihre moralischen Pflichten anzuerkennen", die *ethische Arbeit* als „Selbstformungstätigkeit oder *Askese*" (ebd., kursiv dort) mit den von den Individuen benutzten Mitteln „um sich ethisch zu verhalten", sich selbst zu prüfen, und schließlich die *ethische Teleologie* als Ziel hinter den Subjektivierungsmechanismen.

Aus diesen Aspekten läßt sich die Form des Subjekts bestimmen, deren „Inhalt" von den historischen Gegebenheiten abhängig ist – hieraus erklärt sich, daß Foucaults Subjekt eben keine „Substanz", sondern eine „Form" ist (Foucault 1985, zit. in Näcke/Park 2000: 19). Mit Hilfe dieser Kategorien können nun die historisch entstandenen Formen von Subjektivität erkannt und zum „Wissen" und der „Macht" in Beziehung gesetzt werden, so daß aus dem „Zusammenspiel der Dimensionen" schließlich „ihre jeweilige Realform als historisch geschaffene Faktizität" (Näcke/Park 2000: 19) erkenntlich wird.

Das hinter den Subjektivierungsmechanismen stehende „Ziel", die ethische Teleologie, ist dabei derjenige Aspekt des Selbstverhältnisses, der die übrigen Aspekte beeinflussen und verändern kann. Dabei gibt es „kein vollständiges und gleichbleibendes Verhältnis zwischen den Techniken und den *tele*" (Foucault 1987b: 280, kursiv im Original). So lassen sich dieselben Techniken innerhalb verschiedener Teleologien finden, wenn es auch bevorzugte Beziehungen zwischen einem bestimmten Ziel und einer bestimmten Technik gibt: Ist das Ziel beispielsweise die „Reinheit des Seins", so sind die vom Individuum einzusetzenden Selbstformungs- oder Asketetechniken nicht genau dieselben wie bei dem Ziel, Herr des eigenen Verhaltens zu sein (vgl. Foucault 1987b: 277).

3 Vorstellung ausgewählter Identitätstheorien

Der als Ethik bezeichnete Selbstbezug bestimmt, „wie das Individuum sich als Moralsubjekt seiner eigenen Handlungen konstituieren soll" (Foucault 1987b: 275). Die ethische Substanz als Teil des Selbst oder Verhaltens, das moralischer Führung unterliegt, sozusagen das von der Ethik zu bearbeitende „Material" ist dabei ebenso veränderbar: Foucault führt für die gegenwärtige Gesellschaft die „Gefühle" als der für die Moral wichtigste Teil unserer selbst an, aus christlicher Perspektive wäre es das „Begehren". Diese ethische Substanz kann eben auch der Körper sein.

Entscheidend bei der „Ästhetik der Existenz" als Form der Subjektivität, die als Lebenskunstwerk gedacht ist und der ständigen Übung bedarf, ist, daß sie auf der eigenen Entscheidung des Individuums beruht (vgl. Foucault 1987b: 283; Näcke/Park 2000: 21). Das ethische Ziel ist somit die „Sorge um sich", wobei die Menschen selbst entscheiden, „ob sie sich um sich kümmern oder nicht" (Foucault 1987b: 283). Damit ist sie keinem objektiven Maßstab unterworfen, ist das Ziel nicht mehr von außen vorgegeben, so daß diese Form der Subjektivität „nicht mehr primär als mediatisiert durch die Ebenen des Wissens und der Macht gedacht werden kann" (Kögler 1990, zit. n. Näcke/Park 2000: 21). Das Sorgen um sich erfolgt in der bereits zitierten „Selbstführung, wie ein Regierender die Regierten"; Voraussetzung hierfür ist ein soziales Umfeld, in dem die Subjekte sich gegenseitig als freie anerkennen und aus dem sie Handlungsmöglichkeiten generieren können (vgl. Näcke/Park 2000: 22).

Inhaltlich wäre ein solches auf „Selbstführung" angelegtes Selbstverhältnis gemäß den vier ausgemachten Dimensionen wie folgt ausgestaltet: der *Körper* stellt die *ethische Substanz* dar, dem Unterwerfungsmodus entspricht die Art und Weise, den sich selbst auferlegten Regeln zu entsprechen, die zugleich die ethische Teleologie darstellen, das autonome Umsetzen der Regeln schließlich macht die ethische Arbeit aus. Es gilt, sich auf die gegenwärtige Situation einzulassen und zu wissen, was in welcher Situation für sich selbst das beste ist (vgl. ebd.). Voraussetzung hierfür ist eine Reflexion sowohl des eigenen Selbst als auch der umgebenden gesellschaftlichen Verhältnisse. Aus diesen Verhältnissen nämlich bzw. aus dem Widerstand gegen die aus ihnen hervorgehenden Machteinflüsse entwickeln sich schließlich die ganz eigenen Regeln des Individuums. Es geht darum, sich auf Neues einzulassen, sich selbst neu zu schöpfen, sich in Frage zu stellen und in Frage stellen zu lassen, das eigene Selbst als Innovation zu gestalten.

Aus diesen formellen Grundlagen einer „Ästhetik der Existenz" läßt sich schließlich eine Identitätskonzeption ableiten, in der Identität als Lebenskunst und Identitätsarbeit als innovative schöpferische Tätigkeit anzusehen ist. Identität erscheint darin als aufgebrochene, wandelbare, Identität schließt Identisches (Selbiges) und Nicht-Identisches (Anderes), Chance wie Risiko ein und ist auf die konkrete „politische Situation" bezogen (vgl. insgesamt Näcke/Park 2000: 18 ff.). Im Mittelpunkt steht dabei „das Leben selbst" (ebd.: 24), das durch permanente Lebensakte zu vollziehen ist; es geht um die fortwährende Gestaltung des eigenen Lebens(kunstwerks). Die „Sorge um sich" drückt sich dabei im Verhältnis zu sich und den eigenen Handlungen aus, die im Hinblick auf das Lebenskunstwerk stets in Frage zu stellen sind. Dazu sind Reflexionsakte notwendig, die sich auf das eigene Selbst und auf die gesellschaftlichen Verhältnisse beziehen.

Zum einen sind darin sowohl die bewußte Reflexion der eigenen Lebensgrundsätze enthalten als auch die Erfahrung, durch eigenes Handeln an Grenzen zu stoßen, die das eigene Unterworfensein bewußt werden lassen. Zum anderen geht es um die Reflexion der gesellschaftlichen Verhältnisse, die es zu verstehen gilt, um ihnen widerstehen zu können[48]. Für das Individuum ist zudem die Arbeit einer „existentiellen Reduktion" (Schmid 1998, zit. in Näcke/Park 2000: 24) notwendig, um den ganz eigenen persönlichen Lebenssinn finden und realisieren zu können. Gemeint ist damit die Reduktion der Vielfalt an Erlebtem auf das, was für das eigene Selbst als wichtig erachtet wird, eine Reduktion, die notwendig ist, um handlungsfähig zu sein. Bei all dem gibt es keine objektiven Bewertungskriterien; die auf dem Handeln des Individuums beruhende Identitätsarbeit ist allein in dem ganz persönlichen Sinn begründet, der jedoch nicht außerhalb der Gesellschaft entsteht, da er aus dem Lebenskontext des Individuums erschlossen wird.

Zugleich jedoch gilt es, sich des durch die existentielle Reduktion ausgeschlossenen Anderen bewußt zu sein, sich diesem gegenüber offen zu halten. Es geht schließlich um das Erkennen des "gedoppelten Seins" (Näcke/Park 2000: 25) – das zugleich feie und unterworfene Subjekt erscheint als ein mehrfach „gedoppeltes":

> Das "gedoppelte Subjekt" ist eines, welches sich im Unterworfen-Werden und der Selbstunterwerfung, im Konstituiert-Werden und der Selbstkonstitution, im Ausschluss durch handlungsrelevante Reduktion und im Wissen um dieses findet. Erst mit dieser Sichtweise auf das eigene Sein, wird es möglich, auf sich selbst so einzuwirken, dass man sich innerhalb der Strukturen – und in Nutzung derselben – als ein Anderes kreieren kann.
> (Näcke/Park 2000: 25)

Eine bestimmte Richtung der Veränderung ist dabei nicht vorgegeben: alles ist möglich. In einer solchen auf reflektierter Lebenskunst basierenden Identität erweisen sich Subjekte als offen und vollstän-

---

[48] Für das Subjekt gibt es schließlich die Möglichkeit von Freiheit im Sinne des Widerstandes gegenüber der Disziplinargesellschaft. Sie liegt im Verständnis des Funktionierens dieser Gesellschaft (vgl. Dreyfus/Rabinow 1987: 240), in der durch das Nachdenken herbeigeführten Distanz, auch wenn kein Denken außerhalb der Macht steht.

dig wandelbar; sie kreieren sich selbst, indem sie sich eine der historisch möglichen Subjektformen aneignen. Die auf dem Handeln des Individuums beruhende Identitätsarbeit unterliegt dabei nur dem Kriterium des persönlichen Sinns, wobei dieser sich innerhalb des jeweiligen soziokulturellen Umfeldes herausbildet. Der Körper läßt sich dabei als Material dieses Lebenskunstwerks und zugleich als Träger des „Anderen" deuten, in das wir uns verwandeln können. Als Technik eines solchen Selbstverhältnisses, das sich in der Aufnahme des „Anderen" in das eigene Selbst im alltäglichen Augenblick auszeichnet – beispielsweise im „Ausarbeiten" bestimmter Gesten –, kann die körperzentrierte *Performance* gelten (vgl. ebd.: 26), in der zugleich die Grenzen zwischen Kunst und Leben aufgehoben scheinen.

Aus Foucaults Konzeption von Subjektivität als „Ästhetik der Existenz" läßt sich demnach eine Konzeption von Identität als eine auf das Hier und Jetzt bezogene Lebenskunst ableiten, die keinem objektiven Ziel folgt, damit auch nicht zum Gelingen verpflichtet. Das Kunstwerk Identität ist ein sich über die gesamte Lebensdauer erstreckendes „work in progress", Gelingen und Mißlingen sind in der Lebenskunst grundsätzlich gleichberechtigt, ja das Scheitern kann sogar Bestandteil dieses Kunstwerks sein (vgl. Schmid 1998, zit. in Näcke/Park 2000: 29). Entscheidend ist das Sich-Einlassen auf die gegenwärtige Situation, die Möglichkeit der Einbeziehung des Anderen und die daraus resultierende Wandlung des Subjekts, das sich eben nicht auflöst, sondern lediglich transformiert. Der Verlust ist dabei in jeder Innovation des Subjekts gegenwärtig, da jegliches Handeln potentiell scheitern kann.

Materielle Substanz dieses Lebenskunstwerks ist in erster Linie der Körper, der beispielsweise in der zuvor erwähnten Ausgestaltung von Gesten das Andere in das Individuum mitaufnehmen und schließlich zur Transformation des Selbst führen kann. Diese performativen Körperakte sind als Kunst und Leben vereinigende *Performance* anzusehen. Die Performance ist hier als Technik des Selbstverhältnisses zu verstehen, als kreatives Spiel mit den Möglichkeiten und dem Zufall; in der Performance läßt sich das Subjekt, der Performer auf die Gegebenheiten ein (vgl. Näcke/Park 2000: 26). Diese auf den aktuellen Moment reagierende und sich einlassende Lebenskunst einer sich körperlich ausdrückenden Identität im Hier und Jetzt ist nicht mit Flüchtigkeit gleichzusetzen, sondern im Gegenteil mit Aufmerksamkeit im Augenblick.

Es gilt also, lediglich die Form von Identität zu bestimmen, da deren Inhalt potentiell vollständiger Wandlung unterliegt. Entscheidend ist die alltägliche Nutzung der Möglichkeiten, wobei jede Handlung prinzipiell zur Technik des Selbstverhältnisses werden kann. Zahlreiche Weisen von Subjektivität sind demnach möglich, die gleichzusetzen sind mit „gelebten Realitäten, über die sich Menschen täglich neu erschaffen" (Näcke/Park 2000: 23), und zwar lebenslang.

3.4 Das kulturwissenschaftliche Paradigma der „Post-Postmoderne" der 1990er Jahre

3.4.1 Theoretische Hintergründe des kulturwissenschaftlichen Paradigmas

Das kulturwissenschaftliche Paradigma der „Post-Postmoderne" der 1990er Jahre synthetisiert die Identitätsdebatten der zuvor beschriebenen Paradigmen zu neuen Formationen von kollektiver und Ich-Identität, die die zuvor erwähnte Diskurs- und Machtkritik miteinbeziehen. Suchten die neueren Theorien des sozialwissenschaftlichen Paradigmas eine Antwort auf die zeitliche Verdichtung und Temposteigerung in der modernen Welt, so reagieren die Theorien im Rahmen des kulturwissenschaftlichen Paradigmas auf die räumliche Verdichtung im Rahmen der Globalisierung und die damit einhergehende „Erosion geschlossener kollektiver Identitäten" (Schmaus 2000: 215). Die Frage nach der „diskursiv-politischen Konstruktion" (ebd.) von Identitäten steht hier im Mittelpunkt, wobei innerhalb der Identitätskonstruktionen zugleich Widerstandspotential ausgemacht wird.

Insgesamt geht es um das Aufbrechen geschlossener Identitätskonzeptionen, um darin enthaltene Widerstandspotentiale zu nutzen. Wandlungsfähigkeit, Instabilität und Diskontinuität sind zentrale Kriterien einer sich „diskursiv" oder „performativ" herausbildenden Identität. Ich-Identität wird als diskursiver Effekt in dem Sinne aufgefaßt, daß die Handlungsfähigkeit des Subjektes darin besteht, die sozusagen zur Bildung des eigenen Selbst zur Verfügung stehenden „Diskurs- und Machtformationen" (ebd.) kreativ einzusetzen. Diese Ich-Identität wird erzeugt und produziert, indem Rollenerwartungen parodistisch-theatralisch inszeniert werden.

In den Theorien dieses Paradigmas wird zudem die Nähe des Identitätsdiskurses zur Ästhetik deutlich. Insgesamt scheint die Identitätsproblematik im ästhetischen Bereich vorgeformt, worauf auch das zu einem großen Teil dem Theater entnommene soziologische Identitätsvokabular verweist (vgl. Marquard/Stierle 1979: 11). Der Bezug zwischen Identität und der Ästhetik seit Kant zeigt sich in verschiedenen Zeitepochen und setzt sich schließlich bis in sozialwissenschaftliche Konzeptionen fort. Kant zufolge ermöglicht die ästhetische Erfahrung, Theorie und Praxis zu identifizieren. In der Frühromantik herrscht dann die Vorstellung vom Ich als Kunstwerk vor. Der Soziologe Erving Goffman weist schließlich auf die Theatralität des sozialen Verhaltens hin (Goffman 1969)[49], und nicht zuletzt identifiziert Adorno die Kunst als „Stimme des Nichtidentischen" (Schmaus 2000: 215). Auch Michel Foucaults Konzeption einer „Ästhetik der Existenz" läßt sich als Fortsetzung dieser Begriffsverwandtschaft lesen (vgl. Schmaus 2000: 213 ff.).

---

[49] In seinem im Original 1959 unter dem Titel „The Presentation of Self in Everyday Life" erschienenen Werk, das 1969 unter dem Titel „Wir alle spielen Theater. Die Selbstdarstellung im Alltag" in deutscher Sprache erschien, weist Erving Goffman jedoch zugleich auf die Selbstverständlichkeit hin, daß reale soziale Situationen nicht mit Theateraufführungen gleichzusetzen sind. Die Analogie bezieht sich vielmehr auf die eingesetzten Techniken, die in realen sozialen Situationen wie im fiktionalen Theater von den jeweiligen Akteuren zur Inszenierung bzw. Selbst-Präsentation eingesetzt werden (vgl. Goffman 1983: 232 f.).

Hier soll nun der den *Gender* oder auch *Queer Studies*[50] zuzuordnende Ansatz der amerikanischen Gender-Theoretikerin Judith Butler (*1956) im Mittelpunkt der Betrachtung stehen, an dem sich der kulturwissenschaftliche Identitätsbegriff verdeutlichen läßt. Für Butler konstituiert sich Identität vor allem über Geschlechtsidentität[51], die in Anlehnung an Poststrukturalismus und Dekonstruktion

---

[50] Gender Studies bezeichnen die Forschung zu Geschlechterfragen wie der Geschlechtsidentität und gründen auf der Unterscheidung zwischen dem sozialen Geschlecht *gender* und dem biologischen Geschlecht *sex* (vgl. Kroll 2000: 176). *Queer* bezeichnet u. a. ein „vielfältiges Geschlechter- und Sexualitätskonzept" (Borbonus 1999: 48) und dient als „Medium einer umfassenden Kritik an sozio-symbolischen, nicht zuletzt auch wissenschaftlichen Normierungs- und Normalisierungsprozessen" (Breger 2002: 328). Queer *(engl. seltsam, sonderbar, homosexuell ...)* verweist u. a. auf „das offene Geflecht von Möglichkeiten, Lücken, Überlappungen, Dissonanzen und Resonanzen, Bedeutungs'verirrungen' und –exzessen" innerhalb der konstituierenden Element von Geschlecht und Sexualität (Sedgwick 1993, zit. n. Breger 2002: 327). Die Queer Studies gingen aus politischen wie wissenschaftstheoretischen Entwicklungen hervor.

Geschlecht wird innerhalb der Queer Studies nicht länger in ein binäres, hierarchisierendes Konzept „Mann versus Frau" eingeordnet. Dies ermöglicht, den Körper als konstruiertes Phänomen zu erkennen und das in dieser Erkenntnis enthaltene Subversionspotential zu nutzen (vgl. Borbonus 1999: 46). Das vermeintlich natürliche anatomische Geschlecht wird ebenso als Produkt kultureller Zuschreibungen veranschaulicht wie die Geschlechterdichotomie männlich/weiblich. Im Rahmen der Gender und Queer Studies werden u. a. die Lebensäußerungen Homosexueller interdisziplinär untersucht und eine kreative Umgestaltung von Elementen hegemonialer Kultur durch Homosexuelle thematisiert (vgl. Linck 2000: 204 ff.). Im Hinblick auf die Identitätsthematik ist des weiteren interessant, daß sich die Homosexuellenkultur in den westlichen Industriestaaten u. a. durch „Rückbindung der individuellen Identität an die Form sexuellen Begehrens" (Metzler 2000: 206) auszeichnet, die auch in der hier besprochenen Identitätskonzeption thematisiert wird.

[51] Generell liegt bei der Beschäftigung mit dem Thema Identität aus feministischer Perspektive der Schwerpunkt auf dem Aspekt der Geschlechtsidentität. Dies ist ein wichtiger Beitrag zur Identitätsdiskussion, da gemeinhin „die Entwicklung einer Ich-Identität in den westlichen Gesellschaften ohne eine relativ eindeutige Zuordnung als ‚weiblich' oder ‚männlich' nicht vorstellbar" ist (Treibel

als „Effekt sprachlich-differentieller Prozesse" (Kroll 2000: 176) verstanden wird. Ausgehend von einer grundsätzlichen Kritik abendländisch-philosophischer Identitätsdarstellungen legt Butler komplexe Zusammenhänge zwischen Identität, Geschlechts-identität und Körper dar, die sie als Resultate gesellschaftlicher Machteinwirkung begreift. Die entsprechenden Konzepte von Subjektidentität sind ihrer Anylse zufolge idealtypische Produkte einer politischen Macht, die dazu dienen, eine bestimmte Geschlechter- und damit auch gesellschaftliche Ordnung aufrechtzuerhalten, die sich nach Butler durch heterosexuelle Hegemonie und Phallogozentrismus auszeichnet.

Eine solche Ordnung, die vorgibt, welche Identitäten als „kulturell intelligibel" angesehen und anerkannt werden, gilt es schließlich zugunsten einer größeren Freiheit für die Subjekte aufzubrechen. Dies geschieht durch die „Zerlegung" scheinbarer Einheiten wie „Geschlechtsidentität" in ihre einzelnen konstitutiven Momente, so daß gerade am Beispiel des Geschlechts Verbindungen zwischen gesellschaftlichen Maßgaben von Identität und Körper sichtbar werden.

1994: 146). Hagemann-White (1988, zit. in Treibel 1994: 147) sieht eine „Selbstzuordnung" zu einem der beiden Geschlechter in unserer Kultur „als Bedingung der Möglichkeit von Identität" an. Schließlich weisen Braemer und Oechsle darauf hin, daß „Mensch-Sein in allen Gesellschaften (mindestens) zweigeschlechtlich konstruiert [ist]" (Braemer/Oechsle 1993: 151).

3.4.2 Judith Butlers Identitätskonzeption

3.4.2.1 Darstellung der Theorie

Judith Butlers Analysen zielen auf die Dekonstruktion von Identität ab, die sie vor allem als politische Kategorie, genauer als Konstruktion begreift. Dabei geht es vor allem um die Geschlechtsidentität oder eine vermeintlich geschlechtlich bestimmte Identität, da Butler ganz im Sinne der Gender Studies davon ausgeht, daß erst die geschlechtliche Markierung Identität überhaupt ermöglicht. Wie sich zeigen wird, werden Butler zufolge auch der Körper und das Subjekt erst „real", wenn sie geschlechtlich markiert sind. In ihrem 1990 erschienen Werk „Gender Trouble", das 1991 unter dem Titel „Das Unbehagen der Geschlechter" in Deutschland erschien, nimmt Butler eine philosophiekritische Analyse der Konzeption von Geschlechtsidentität vor und verfolgt dabei das Ziel, „eine politische Annäherung von Feminismus, schwulen und lesbischen Perspektiven auf die Geschlechtsidentität und poststrukturalistischer Theorie zu ermöglichen" (Butler 1991: 12).

TheoretikerInnen, an die Butler kritisch anknüpft, sind insbesondere Foucault, Sartre, Beauvoir, Lacan, Freud sowie Vertreterinnen der *écriture féminine*, die in Anlehnung an die Theorien von Lacan und Derrida männlich dominierte Denk- und Sprachtraditionen kritisieren (vgl. Osinski 1998: 58). Butlers Analysen erfolgen aus einer poststrukturalistischen und dekonstruktiven Untersuchungsperspektive. Sie geht dabei von folgenden Prämissen aus, die für das Verständnis ihrer Analysen wesentlich sind:

Zunächst stellt Butler die strukturalistische Unterscheidung zwischen einer vermeintlich ungeordneten Natur und der entsprechend ordnenden Kultur in Frage (vgl. Butler 1991: 193). Natur oder Natürlichkeit sind für Butler immer bereits kulturelle Produkte, die jedoch als „natürlich" ausgegeben werden. Hier zeichnet sich ein Grundprinzip in Butlers Analysen ab: Vermeintlich Ursprüngliches oder Ursächliches wird als solches von Butler generell in Frage gestellt und erweist sich ihren Ausführungen zufolge schließlich als Effekt diverser Praktiken.

Die im „traditionellen Diskurs" erfolgende Unterscheidung zwischen Natur und Kultur bildet einen binären Rahmen, der sich schließlich als grundlegendes Ordnungsprinzip erweist. In einen solchen Rahmen ist auch die Unterscheidung zwischen innen und außen sowie letztlich auch die Mann-Frau-Opposition einzuordnen, die als hierarchisierende Ordnung fungiert. Butler geht es schließlich um eine grundsätzliche Vervielfältigung jenseits dieser binären Ordnung. Zugrunde liegt hier eine generelle Kritik abendländischer Philosophie, die sich als androzentrisch erweist: Butler zufolge ist es der in der philosophischen Tradition mit Platon einsetzende Geist (Seele)/Körper-Dualismus, der das hierarchische Geschlechterverhältnis produziert und reproduziert und so zur kulturellen Assoziation zwischen „Geist-Männlichkeit" und „Körper-Weiblichkeit" (Butler 1991: 31) geführt hat, die es aufzubrechen gilt.

Butler nimmt in Anlehnung an Foucaults Konzeption eine genealogische Kritik der Geschlechtsidentität vor. Dies bedeutet, daß nicht nach einem vermeintlichen Ursprung von Geschlechtsidentität, nach der inneren Wahrheit des weiblichen Geschlechts oder vermeintlich authentischer Sexualität gesucht wird, sondern diese Phänomene als Effekte gesellschaftlicher Praktiken anzusehen sind. Die Genealogie erforscht

> [...] die politischen Einsätze, die auf dem Spiel stehen, wenn die Identitätskategorien als *Ursprung* und *Ursache* bezeichnet werden, obgleich sie in Wirklichkeit *Effekte* von Institutionen, Verfahrensweisen und Diskursen mit vielfältigen und diffusen Ursprungsorten sind.

(Butler 1991: 9, kursiv im Original)

Als solcherart definierende Institutionen macht Butler den Phallogozentrismus und die Zwangsheterosexualität aus, die als „Macht/ Diskurs-Regime" (ebd.: 10) die Ausbildung der Geschlechtsidentität innerhalb des binären Rahmens anleiten. Konkret wird das gegenwärtige Feld der Macht dabei durch die „Rechtsstrukturen von Sprache und Politik" gebildet (ebd.: 20).

In diesen Vorstellungen drückt sich bereits aus, daß Butler abrückt von einer humanistischen Perspektive, die auf einer „Metaphysik der Substanz" beruht. In der humanistischen Konzeption wird von der Existenz einer substantiellen Person ausgegangen, die als Träger verschiedener Attribute in Erscheinung tritt (vgl. ebd.: 28). Butler hingegen geht davon aus, daß sich Subjekte erst gleichsam über die ihnen zugewiesenen Attribute „diskursiv" herausbilden. Diese Unterscheidung macht die von Butler vorgenommene Umkehr des Ursache-Wirkungs-Prinzip deutlich: Die „Attribute" Geschlecht und Geschlechtsidentität erscheinen nicht mehr als Ausprägung von in der Person verankerten Anlagen, sondern leiten im Gegenteil die Ausformung der Subjekte gemäß der erfolgenden Zuschreibungen an.

Doch auch jene Attribute wie Geschlecht oder Geschlechtsidentität sind nichts „substantiell Seiendes" (ebd.: 29), sondern immer nur in spezifischen kulturellen Relationen existent – so definiert sich „weiblich" als Gegensatz zu „männlich" etc. Die Geschlechtsidentität erscheint dabei zugleich wieder als vermeintliche Substanz, die Butler jedoch als eine Konstruktion enttarnt, die sich durch eine bestimmte Anordnung von Attributen auszeichnet. Im traditionellen Diskurs fungiert die Geschlechtsidentität gar als „vereinheitlichendes Prinzip des leiblichen Selbst" (ebd.: 45). Hier deutet sich bereits an, daß Butler entsprechend auch die Naturalisierung des Körpers genealogisch-kritisch analysiert.

Im folgenden soll die von Butler vorgenommene Dekonstruktion von Geschlechts- und Subjektidentität nachgezeichnet werden, so daß die diesen Konzeptionen zugrunde liegenden Machtinteressen deutlich werden. Butler dekonstruiert, indem sie scheinbar natürliche Einheiten aufbricht, Elemente neu zusammensetzt und in andere Deutungszusammenhänge einordnet, so daß sich schließlich die Möglichkeit der Vervielfältigung des Identitätspotentials abzeichnet. Schließlich wird für veränderliche Konstruktionen von Identität plädiert. Wichtig ist in diesem Zusammenhang zu betonen, daß Butler den Begriff der Geschlechtsidentität nicht dem der Identität unterordnet, da Personen erst „kulturell intelligibel" werden, wenn sie geschlechtlich markiert sind. Dies spiegelt sich auch in den Identitätskonzeptionen wider. Wie Butler darlegt, scheinen die klassischen philosophischen Identitätsmerkmale „Kontinuität und Selbstidentität der Person" nicht nur mit den „Regulierungsverfahren" zur Ausbildung der Geschlechtsidentität übereinzustimmen, sondern diese sogar zu *be*stimmen (vgl. Butler 1991: 37 f.; 46).

Hier sei noch einmal darauf hingewiesen, daß in Butlers Theorie ganz allgemein das Aufbrechen scheinbar geschlossener Einheiten in ihre einzelnen konstitutiven Elemente von zentraler Bedeutung ist, um durch eine Neuzusammensetzung eine gesellschaftliche Ordnung zu unterlaufen, die nur bestimmte Subjekte als kulturell intelligibel anerkennt und über den Status „Person" oder „Nicht-Person" entscheidet. Wie Butler darlegt, schlägt sich die gegebene gesellschaftliche Ordnung in den gängigen Vorstellungen und Konzeptionen von Subjekt- und Geschlechtsidentität nieder, die sich letztlich als Effekte kultureller Einschreibungen erweisen.

Butler setzt die klassischen philosophischen Identitätsmerkmale der Kohärenz und Kontinuität, die über kulturelle Intelligibilität entscheiden, nun in Beziehung zur geschlechtlichen Markierung. „Gesellschaftlich intelligible" Geschlechtsidentitäten zeichnen sich demnach Butler zufolge dadurch aus, daß in ihnen Beziehungen der Kohärenz und Kontinuität zwischen den jeweiligen konstitutiven Elementen aufrechterhalten werden (vgl. Butler 1991: 38). Die konstitutiven Elemente oder Konzepte, die die Geschlechtsidentität absichern, sind das „anatomische Geschlecht" (sex), „Geschlechtsidentität" (gender)[52], „sexuelle Praxis" und „Begehren" (vgl. Butler 1991: 38). Gesellschaftliches Ziel ist dabei, daß die einzelnen Elemente entlang einer kulturell intelligiblen Kohärenz verlaufen, d. h. so zusammengesetzt sind, daß das Ergebnis „Heterosexualität" darstellt. Die kulturell intelligible Anordnung der Identitätskategorien erfolgt also in einer „heterosexuellen Matrix", d. h., Heterosexualität stellt nach Butler das angestrebte Ziel im Sinne eines Herrschaftsinteresses dar, das über kulturelle Ge- und Verbote hergestellt wird.

Geschlechtlich bestimmte Identität ist demzufolge nicht als etwas a priori Existentes anzusehen, das es lediglich noch kulturell auszu-

---

[52] In diesem Zusammenhang sei darauf hingewiesen, daß die feministische Theoriebildung wesentlich von der poststrukturalistischen Dekonstruktion beeinflußt wurde, wobei der Schwerpunkt auf der Überwindung der als androzentrisch gedeuteten Mann-Frau-Opposition liegt. Die Unterscheidung zwischen biologischem und sozialem Geschlecht - *sex* und *gender* - gehört schließlich zu den zentralen Themen der feministischen bzw. Geschlechter-Soziologie. Die Unterscheidung zwischen *sex* und *gender* ermöglichte die Dekonstruktion des als natürlich vorgegebenen Geschlechterunterschieds, der als binäre Opposition angelegt ist. Das bedeutet, daß Mann-Sein und Frau-Sein im traditionellen Diskurs als zueinander gegensätzlich aufgefaßt und weitere Geschlechtsidentitäten zwischen diesen beiden Polen ausgeschlossen wurden bzw. werden. Mann- und Frau-Sein erscheinen im traditionellen Diskurs als natürliche Einheiten, da hier nicht zwischen einem biologischen Geschlecht und einer sozialen Geschlechtsidentität unterschieden wird. Dekonstruktivistische Theoretikerinnen, zu denen auch Butler zählt, stellen jedoch die Vorstellung eines eindeutigen biologischen Geschlechts und damit die Unterscheidung zwischen Sex und Gender in Frage (vgl. Frey/Dingler 2000: VI).

formen gilt, sondern erweist sich als Effekt einer regulierenden Praxis, die Butler als Zwangsheterosexualität ausmacht (vgl. ebd.: 39). Die Geschlechtsidentität ist nach Butler ferner einer vermeintlich „ursprünglichen Identität" nachgebildet, die jedoch selbst nur als eine „Imitation ohne Original" anzusehen ist, da auch sie in Wahrheit eine kulturelle Produktion ist (vgl. ebd.: 203). An einem konkreten Beispiel verdeutlicht bedeutet dies, daß für eine weibliche Geschlechtsidentität die intelligible Kohärenz der einzelnen identitätskonstitutiven Elemente wie folgt lauten würde: anatomisches Geschlecht *sex* gleich Frau, soziales Geschlecht *gender* gleich weiblich, Begehren (und sexuelle Praxis) gleich auf den Mann bezogen.

Die auf einer heterosexuellen Matrix erfolgende Anordnung der Elemente, die nach Butler (Geschlechts-)Identität konstituiert, stellt in den Worten von Borbonus (1999: 46) eine naturalisierte Kausalkette, ein regulierendes Ideal dar und führt zu „durch ein Regelsystem erzeugte Identitäten" (Butler 1991: 212). Identität wird in dieser Lesart zu einer „repetitiven Bezeichnungspraxis", und das Subjekt ist entsprechend als „Folgeerscheinung" jener „regelgeleiteten Diskurse" zu begreifen, die die Ausbildung der Identität anleiten (ebd.: 213) – es ist also diskursiv konstituiert.

In dem traditionellen, auf der binären, hierarchisierenden Geschlechterordnung „Mann versus Frau" gründenden Diskurs wird der Verstoß gegen die Regularien der Identitätsbildung negativ sanktioniert: Setzen sich die einzelnen für die Geschlechtsidentität konstitutiven Faktoren nicht entlang dieser gesellschaftlich legitimen Anordnung zusammen, ist gesellschaftliche Ausgrenzung bis hin zur Zuschreibung von Nicht-Identität die Folge. Im Falle von diskontinuierlich oder inkohärent angeordneter Identität steht Butler zufolge gar das Person-Sein selbst in Frage:

Da aber die „Identität" durch die stabilisierenden Konzepte „Geschlecht" *(sex)*, „Geschlechtsidentität" *(gender)* und Sexualität abgesichert wird, sieht sich umgekehrt der Begriff der „Person" selbst in Frage gestellt, sobald in der Kultur „inkohärent" oder „diskontinuierlich" geschlechtlich bestimmte Wesen auftauchen, die Personen zu sein scheinen, ohne den gesellschaftlich hervorgebrachten Geschlechter-Normen *(gendered norms)* kultureller Intelligibilität zu entsprechen, durch die Personen definiert sind.

(Butler 1991: 38, kursiv im Original)

Butler stellt mit ihrer Kritik die grundlegende Annahme, „daß Identitäten selbstidentisch sind, d. h., in der Zeit als selbe, einheitlich und innerlich kohärent fortbestehen", in Frage (Butler 1991: 37). Butler übt damit grundlegende Kritik an den auf Merkmalen der Kohärenz und Kontinuität gründenden abendländisch-philosophischen Identitätsdarstellungen. Demnach sind Kohärenz und Kontinuität keine „logischen oder analytischen Merkmale der Persönlichkeit, sondern eher gesellschaftlich instituierte und aufrechterhaltene Normen der Intelligibilität" (ebd.: 38). Daher stellt sich schließlich die Frage, inwiefern Identität in traditionellen Konzeptionen „eher ein normatives Ideal als ein deskriptives Merkmal der Erfahrung" darstellt.[53]

Geschlechtsidentität ist schließlich Butler zufolge als „Disziplinarproduktion" zu begreifen, die das kulturelle Überleben sichern soll: Wer seine Geschlechtsidentität „nicht ordnungsgemäß in Szene setzt" (Butler 1991: 199), wird bestraft. Butler orientiert sich hier an Foucaults Theorem der Körperdisziplinierung, das Körperpraktiken mit Identitätsausbildung in Verbindung bringt. Danach erfolgt das Einbinden der Individuen in "politische, ökonomische und soziale Funktionszusammenhänge" (Osinski 1998: 108) durch die sich im

---

[53] In diesem Zusammenhang sei auf die generelle Kritik von Gender-Theoretiker/innen hingewiesen, die die traditionellen Identitätskonzepte und -theorien als normative Ideale männlicher Vergesellschaftung begreifen.

alltäglichen Leben entfaltenden, auf den Körper bezogenen Disziplinierungsmechanismen, und zwar über die Ausbildung von Selbstdisziplin. Diese sich über die Verinnerlichung "soziokultureller Disziplinierungsmechanismen" ausbildende Selbstdisziplin ist gleichzusetzen mit der "Unterwerfung des einzelnen unter seine eigenen Einsichten" (ebd.) und ist konstitutiv für das Subjekt. Butler bezieht diese (Selbst-)Disziplinierung entsprechend auf die geschlechtliche Markierung des Körpers[54].

Butler kommt zu dem Schluß, daß Geschlechtsidentität „durch die „Regulierungsverfahren der Geschlechter-Kohärenz *(gender coherence)* performativ hervorgebracht und erzwungen" wird. Geschlechtsidentität ist demnach performativ, „d. h., sie selbst konstituiert die Identität, die sie angeblich ist" (Butler 1991: 49, kursiv im Original). Performativ ist dieser Prozeß insofern, als das, was benannt und als schon vorhanden ausgegeben wird, nämlich Geschlechtsidentität, in Wahrheit erst gleichzeitig mit der Benennung produziert wird. Die Geschlechtsidentität ist demnach eine Performanz[55], die als „Überlebensstrategie in Zwangssystemen" anzusehen ist (ebd.: 205). Die Attribute der Geschlechtsidentität sind daher

---

[54] Ferner sei darauf hingewiesen, daß auch Butler auf Foucaults Theorem der Macht rekurriert, die auf das Subjekt einwirkt, indem sie es an die eigene Identität heftet, derer das Subjekt bedarf (vgl. Foucault 1987a: 246): „Die Macht verhängt ein Gesetz der Wahrheit über das Subjekt, das es anerkennen *muß* und das andere in ihm anerkennen *müssen*." (zit. nach Butler 2003: 61, kursiv dort). Denn: Um zu sein, müssen wir anerkannt bzw. „anerkennbar" sein (Mitschrift Frankfurter Foucault-Konferenz: Vortrag von Judith Butler; vgl. auch Butler 2003: 64). Diese notwendige „Selbstverhaftung" des Subjekts ist gesellschaftlich vermittelt über die geltenden Normen, was die Bedeutung von „kulturell intelligibler" Geschlechtsidentität für das Subjekt erklärt.

[55] Der aus der Sprachwissenschaft entlehnte Begriff „Performanz" verweist dabei auf die Bedeutung der Sprache in diesem Prozeß: Als „performativ" wird in der Sprachwissenschaft eine mit einer sprachlichen Äußerung beschriebene und zugleich vollzogene Handlung bezeichnet, z. B. der Ausdruck „ich gratuliere dir" (vgl. Duden Fremdwörterbuch). Zugleich deutet er auf jenen Aspekt der Simultaneität hin, nach der Realität und Konstruktion, (sichtbare) Materialität und (Realität produzierende) Sprache zusammenfallen, schließlich nicht mehr unterscheidbar sind.

nicht *expressiv*, sondern *performativ*, d. h., sie sind nicht Ausdruck einer bereits existenten Identität, sondern bringen diese gleichsam selbst erst hervor (vgl. ebd.: 207). Die performative Geschlechtsidentität läßt sich dabei als Wirkung des Geschlechts auffassen. Butler rekurriert hier auf Monique Wittigs Theorie und definiert Geschlecht entsprechend als

> [...] obligatorische Anweisung an den Körper, ein kulturelles Zeichen zu werden bzw. sich den geschichtlich beschränkten Möglichkeiten entsprechend zu materialisieren, und zwar nicht nur ein- oder zweimal, sondern als fortdauernder, wiederholter leiblicher Entwurf.
> (Butler 1991: 205)

Geschlechtsidentität erweist sich als Effekt der Stilisierung des Körpers (vgl. ebd.: 206).

Die Geschlechtsidentität erscheint schließlich als ein „Tun, wenn auch nicht das Tun eines Subjekts, von dem sich sagen ließe, daß es der Tat vorangeht" (ebd.: 49). Butler verweist hier auf Nietzsches These „daß es kein Seiendes hinter dem Tun gibt, daß die ‚Täter' also bloß eine Fiktion, die Tat dagegen alles ist" und schlußfolgert:

> Hinter den Äußerungen der Geschlechtsidentität *(gender)* liegt keine geschlechtlich bestimmte Identität *(gender identity)*. Vielmehr wird diese Identität gerade performativ durch diese „Äußerungen" konstituiert, die angeblich ihr Resultat sind.
> (Butler 1991: 49, kursiv im Original)

Es gibt demnach keine feste, geschlechtlich bestimmte „natürliche" Identität im Sinne einer inneren Tiefe, der es lediglich Ausdruck zu verleihen gilt (vgl. ebd.: 216 f.). Ein als bereits gegeben angesehener innerer Kern der Geschlechtsidentität wird durch *Akte, Gesten,*

Begehren selbst erst erzeugt. Wahre Geschlechtsidentität erweist sich Butler zufolge entsprechend „als auf der Oberfläche der Körper instituierte und eingeschriebene Phantasie" (ebd.: 201), so daß Geschlechtsidentität weder „wahr" noch „falsch" sein, aber letztlich unglaubwürdig gemacht werden kann. Geschlechtsidentität ist damit lediglich eine Inszenierung (vgl. ebd.: 216).

Konkret bedeutet dies, daß die gesellschaftlich hevorgebrachten Attribute des Frau-Seins und Mann-Seins, eben jene Äußerungen der Geschlechtsidentität, sich nicht deshalb ausbilden, weil ihnen eine bestimmte geschlechtliche Identität zugrunde liegt. Vielmehr wird eine solche Identität durch diese Äußerungen der Geschlechtsidentität erst konstituiert. Äußerungen der Geschlechtsidentität sind also nicht, wie es im sogenannten traditionellen Diskurs erscheint, Folge einer zugrunde liegenden, ursprünglichen Identität, sondern bringen im Gegenteil diese erst hervor. Indem Butler das, was gemeinhin als natürlicher Ursprung angesehen wird, als immer schon konstruiert identifiziert, postuliert sie, wie bereits ausgeführt, die Umkehr einer scheinbar natürlichen Ordnung: Ursache und Wirkung, „Urheber" und „Produkt", Original und Kopie erscheinen in ihren Kausalitäten vertauscht, wobei sich zudem das Original selbst schon als Kopie entlarvt – es wird nichts Ursprüngliches vorausgesetzt.

Für Butler ergeben sich Geschlechts- und Subjektidentität im ständigen Vollzug, und zwar durch ständige aneignende Wiederholung vorherrschender Normen und Praktiken, ein Prinzip, das Butler Performativität bzw. Performanz nennt. Dabei wird von einer idealtypischen Geschlechtsidentität ausgegangen, die zwar unerreichbar ist, von den Individuen jedoch fortwährend in Folge der Identifikation mit dem Ideal angestrebt wird. Dies löst einen unablässigen Prozeß der permanenten Aneignung relevanter Normen und deren Vollzug am eigenen Körper aus. Der performative Prozeß der imitierenden Wiederholung kultureller Muster ist jedoch nicht als bloße Kopie zu sehen, denn ihm wohnt ein Veränderungspotential, das sogenannte Resignifizierungspotential, inne, da in der wiederholenden Aneignung Normen und Praktiken zugleich modifiziert werden.

Festzustellen bleibt schließlich, daß Identität als „kulturell beschränktes Ordnungs- und Hierarchieprinzip" fungiert (ebd.: 48). Um dies erkennen und schließlich das Identitätspotential jenseits des binären Rahmens männlich/weiblich ausschöpfen zu können, plädiert Butler für ein Verständnis von Identität „als *Praxis*, und zwar als *Bezeichnungspraxis* (ebd.: 212, kursiv im Original). Die kulturell intelligiblen Subjekte lassen sich entsprechend als Effekte jenes regelgebundenen Diskurses auffassen, die die Identität anleiten, d. h., sie bilden sich analog zu den normierten Regularien für die Identitätsbildung heraus. Ermöglicht wird dies, indem sich der regelgebundene Diskurs „in die durchgängigen und mundanen Bezeichnungsakte des sprachlichen Lebens einschreibt" (ebd.).

Das Subjekt wird also durch die identitätsanleitenden Regeln erzeugt; die "Bezeichnung" der Subjekte erfolgt dabei in Form regulierter Wiederholungsprozesse. Handlungsmöglichkeit besteht nun darin, diese Wiederholung zu variieren (vgl. ebd.: 212 f.). Die Handlungsfähigkeit des Subjekts ist demnach Butler zufolge eine Frage der Signifikation und Resignifikation; es gibt hier kein vordiskursives „Ich", also ein Ich, das vor der Bezeichnung existiert[56]. Dreh- und Angelpunkt eines solchen Verständnisses von Identität und Subjekt bleibt die Sprache, die sich Butler zufolge „auf ein offenes Zeichensystem [bezieht], das die Intelligibilität fortwährend schafft und zugleich anficht" (ebd.: 212).

---

[56] Im „traditionellen Diskurs" hingegen wird die Handlungsfähigkeit im Subjekt selbst verankert, von dem angenommen wird, das es bereits vor dem kulturellen Feld existiert.

Von den transportierten Regeln wiederum hängt nun ab, welche Subjekte als kulturell intelligibel gelten. Wenn nun die Regeln Alternativen zu den zuvor ausgemachten strengen hierarchischen Binaritäten und den entsprechenden Attributen der (Geschlechts-) Identität beinhalten, entsteht für die einzelnen Subjekte eine Pluralität von Möglichkeiten. Ein solches Verständnis von Identität basiert demnach nicht auf einem Sein, sondern auf andauernder Praxis, wobei die Vielfalt der gesellschaftlich vorgegebenen Regeln über die Bandbreite der Legitimität von (Geschlechts-)Identität entscheidet. Identität konstituiert sich also in Prozessen, die sich durch ständige Verschiebungen und Veränderungen auszeichnen (vgl. Öhlschläger/Wiens 1997: 21).

Mit der Aufgabe rigider Normen wäre nach Butlers Konzeption ein erweitertes Spektrum für Geschlechts- und damit auch Subjektidentität verbunden. Diese würde sich dann eben auch durch beständigen Wandel anstatt Kontinuität im Sinne einer gleichbleibenden Zusammensetzung der konstitutiven Elemente auszeichnen. Butler zufolge ist das Verständnis von Identität als Effekt (diskursiver Praktiken) weder gleichzusetzen mit schicksalhafter Determination noch völliger Künstlichkeit, sondern ermöglicht Veränderungsspielraum. Wo Identität als Bezeichnungspraxis verstanden wird, entsteht die Möglichkeit, daß sich die Vielfalt der kulturellen Formationen von Geschlecht und Geschlechtsidentität jenseits der „unnatürlichen" Geschlechter-Binarität in den gesellschaftlichen „Diskursen" artikulieren kann (vgl. Butler 1991: 212 ff.).

Butler verabschiedet sich schließlich von einer stabilen Geschlechts- und damit auch Subjektidentität und somit auch von den soziokulturellen Konstruktionen "Mann" und "Frau"; statt dessen propagiert sie "ein dauerndes Werden von *gender – gender* als nicht endende *performance*" (Osinski 1998: 112, kursiv im Original). Butler plädiert für die Konzeption von Geschlecht als „fließende

Kategorie", in der die Grenzen zwischen weiblich und männlich verschwimmen (vgl. Frey/Dingler 1999: VI).

Mit der Aufgabe einer bipolaren Geschlechterordnung würden dann auch jene als transidentisch bezeichneten Personen, die sich nicht nach den gesellschaftlich intelligiblen Normen von Weiblichkeit und Männlichkeit ausrichten wollen oder können, nicht länger negativ sanktioniert werden. Konkret wäre dann Diskontinuität der „männlichen" und „weiblichen" Attribute möglich, die nicht mehr nach einer im traditionellen Diskurs gesellschaftlich intelligiblen Kohärenz für Geschlechtsidentität angeordnet sein müssen, wodurch beispielsweise ein sogenanntes „freies Begehren" ermöglicht würde[57].

Aus diesen Erkenntnissen lassen sich schließlich weiterreichende „politische" Konsequenzen ableiten. Wenn Subjekt und Identität als diskursiv konstruiert angesehen werden können, bedeutet dies zugleich, daß die regulativen Vorgaben für gesellschaftlich intelligible Identität, die Identitätspolitik, sich gerade nicht aus den Interessen „vorgefertigter Subjekte" ableiten (Butler 1991: 218). Hier

---

[57] In diesem Zusammenhang sei nochmals auf die sogenannte „Queer"-Diskussion der 1990er Jahre verwiesen, in deren Zentrum nicht mehr das Zusammenspiel der Faktoren, die „Geschlecht" ausmachen, steht, sondern vielmehr die Ebene des Begehrens (vgl. Stein-Hilbers/Soine/Wrede 2000: 19; Soine 2000: 221). Der Queer-Theorie zufolge gibt es kein „natürliches kausales Korrespondenzverhältnis zwischen Körper, Geschlecht und Sexualität" (Soine 2000: 218), womit die Vorstellung eines „freien Begehrens" einhergeht. Daraus ergibt sich dann - zumindest theoretisch - eine Pluralität von Möglichkeiten, die die bipolare heterosexuelle Geschlechterordnung nicht mehr als Norm reproduziert. Schlußfolgern ließe sich daraus die Herausbildung von „partikularistischen Identitäten" (ebd.), die auf Sexualität als identitätsstiftender Kategorie beruhen. Zugrunde liegt die Annahme, daß „Geschlecht" als eine solche identitätsstiftende Kategorie keinen Bestand mehr habe, ein Identitätsbedürfnis jedoch weiterhin besteht. Neben einer *Hypersexualisierung* von Identität läuft eine solche Konzeption jedoch Gefahr, durch die permanente Produktion von Differenz den Identitätszwang nicht zu unterlaufen, sondern diesen im Gegenteil durch „Detailgenauigkeit" noch zu verstärken (vgl. ebd).

kommt es wieder zu einer Umkehr von Ursache und Wirkung: Ganz allgemein bringt die „Politik" die Interessen und Subjekte erst hervor, in deren Namen sie zu handeln vorgibt.

Da es Butler zufolge ganz allgemein keine im vorhinein gegebene Identität gibt, distanziert sie sich zudem von der feministischen Behauptung der Existenz einer vermeintlich weiblichen Identität, der es Gehör zu verschaffen gilt. Überdies stellt eine solche Behauptung eine unzulässige Vereinheitlichung dar. Denn schließlich gibt es Butler zufolge keinen „Täter hinter der Tat", vielmehr wird dieser erst durch die Tat selbst in einer unbeständigen und veränderlichen Form hervorgebracht. Butler stellt hier sogar zur Diskussion „ob die feministische Theorie ohne ein in der Kategorie ‚Frau(en)' bezeichnetes Subjekt auskommen kann" (ebd.: 209).

In einer Identitätspolitik muß es nach Butler wohl vor allem darum gehen, die Grundlagen kultureller Intelligibilität zu hinterfragen, die Unnatürlichkeit des binären Geschlechtermodells kenntlich zu machen, um schließlich die potentielle Vielfältigkeit der Identität ausschöpfen zu können. Aus diesem Grund versuchte Butler mit ihrer Untersuchung über *Das Unbehagen der Geschlechter* „das Politische gerade in jenen Bezeichnungsverfahren zu verorten, durch die Identität gestiftet, reguliert und dereguliert wird" (ebd.: 216).

3.4.2.2 Zum Stellenwert des Körpers in Butlers Identitätskonzeption

In den von Butler ausgemachten identitätsstiftenden Kategorien nimmt der Körper direkt (im Falle des anatomischen Geschlechts „sex") oder mittelbar (in den Kategorien des sozialen Geschlechts „gender" sowie „sexuelle Praxis/Begehren") zentralen Stellenwert ein.

Butler zweifelt dabei eine vermeintlich natürliche Verfaßtheit des menschlichen Körpers grundlegend an. Körper werden vielmehr als Oberfläche angesehen, die einer kulturellen Bezeichnungspraxis unterliegen. Die Begrenzung und Oberfläche des Körpers werden als politische Konstruktion aufgefaßt. Butler beruft sich hier u. a. auf Mary Douglas' anthropologische Studien, deren Ergebnisse sie einer poststrukturalistischen Deutung unterzieht. Danach markieren nicht die „materiellen" Gegebenheiten, sondern die mit diesen verbundenen Tabus die Begrenzungen des Körpers, die zugleich als „Schranken des Gesellschaftlichen *per se*" gedeutet werden können (Butler 1991: 194, kursiv im Original). Über die Vorstellungen vom Trennen, Reinigen, Abgrenzen usw. werden Körperumrisse festgelegt und mit bestimmten Tabus verbunden. Auf diese Weise wird zwischen innen und außen, männlich und weiblich unterschieden und so eine bestimmte Ordnung erschaffen, die den Körper "bezeichnet". Entsprechend werden festgelegte Stellen der Körperdurchlässigkeit und –undurchlässigkeit markiert. Butler betont nun, daß die kulturellen „Übergangsriten", die der Regulation der Körperöffnungen dienen, wiederum in der von ihr ausgemachten gesellschaftsbestimmenden heterosexuellen Matrix angeordnet sind.

Der Verstoß gegen das Gebot der Heterosexualität bzw. heterosexuellen Praxis, das zugleich ein Hinwegsetzen über die definierten Körpergrenzen bedeutet, läßt sich somit als gesellschaftliche

3 Vorstellung ausgewählter Identitätstheorien

Grenzüberschreitung deuten (vgl. ebd.: 193 ff.). In diesem Sinne kann der Körper als „Synekdoche für das Gesellschaftssystem *per se*" angesehen werden (ebd.: 195, kursiv im Original). Der Körper ist demnach

> kein „Seiendes" [...], sondern eine variable Begrenzung, eine Oberfläche, deren Durchlässigkeit politisch reguliert ist, eine Bezeichnungspraxis in einem kulturellen Feld der Geschlechter-Hierarchie und der Zwangsheterosexualität [...]
>
> (Butler 1991: 204)

Die Körperoberflächen werden als natürliche inszeniert[58], woraus sich schließlich die Inszenierung von Geschlecht und Geschlechtsidentität ableiten läßt. Eine solche Oberflächenpolitik des Körpers bestimmt letzlich die „öffentliche Phantasie".

Butlers These des phantasierten Körpers geht u. a. auf Freuds Konzept eines „körperlichen Ich" zurück (vgl. Butler 1991: 232, Fußnote 43). Freud schreibt: "Das Ich ist vor allem ein körperliches, es ist nicht nur ein Oberflächenwesen, sondern selbst die Projektion einer Oberfläche" (Freud 1978: 182)[59]. Die Ich-Entwicklung, so schlußfolgert Judith Butler aus dieser Aussage, wird demnach „durch ein Konzept des Körpers bestimmt" (Butler 1991: 232, Fußnote 43). Freuds These von der Projektion einer Oberfläche wird von Butler aufgenommen und zur Vorstellung von einer imaginären Konstruktion des Körpers erweitert. Der phantasierte Körper kann dabei nicht über den „wirklichen Körper", sondern nur „im Vergleich

---

[58] Interessant ist in diesem Zusammenhang, daß im traditionellen Diskurs wohl insbesondere der Körper der Frau in paradoxer Gleichzeitigkeit als „natürlich" und „kulturell geprägt" betrachtet wird (vgl. Öhlschläger/Wiens 1997: 17).
[59] Freud zufolge sitzt dem psychischen Es das Ich oberflächlich auf. Vom Körper und insbesondere dessen Oberfläche gehen sowohl äußere als auch inne-

zu einer anderen kulturell instituierten Phantasie" gedeutet werden, die für „das Reale" steht (Butler 1991: 112). Der wirkliche Körper, der auch immer schon kulturelles Zeichen ist, setzt den imaginären Bedeutungen des Körpers lediglich bestimmte Grenzen.

Butler führt die Projektion der Körperoberfläche auf die „phantasmatische Natur des Begehrens" zurück (ebd.: 111 f.), für das der Körper lediglich den Anlaß, nicht jedoch, wie suggeriert wird, die Ursache darstellt und deshalb phantasiert wird bzw. werden muß. Sie illustriert dies mit der Imagination von Körperteilen, wie sie von Transsexuellen vorgenommen wird. Eine solche Imagination ist jedoch entsprechend auch im Rahmen eines Begehrens erforderlich, das „den durch die Geschlechtsidentität bestimmten Regeln des Imaginären (*gendered rules of imaginary*) entspricht" (ebd.: 112, kursiv im Original).

Ganz im Sinne der Abkehr vom Substanzgedanken geht Butler davon aus, daß erst von der Existenz des Körpers gesprochen werden kann, wenn er geschlechtlich markiert ist. Die Markierungen der Geschlechtsidentität scheinen den Körper ins Leben zu rufen (vgl. Butler 1991: 26).

Auch das Geschlecht ist Teil jener konstruierten Natürlichkeit und stellt Butler zufolge eben keine „vordiskursive, anatomische Gegebenheit" dar (ebd.: 26). In Anlehnung an Simone de Beauvoirs Aus-

---

re Wahrnehmungen aus, was den Körper von anderen Objekten der Wahrnehmungswelt unterscheidet (vgl. Freud 1978: 180 ff.).

sage „Man kommt nicht als Frau zur Welt, sondern wird es" (zit. n. Butler 1991: 15)[60], betrachtet Butler nicht nur das soziale Geschlecht *gender*, sondern auch das anatomische Geschlecht *sex* als enkulturiert, da es ebenfalls nur über „soziokulturelle Vermittlungen" (Osinski 1998: 111) wahrgenommen werden kann: Das Geschlecht (sex) ist Butler zufolge immer schon Geschlechtsidentität (gender) gewesen (vgl. Butler 1991: 26).

Mit der Zurückweisung der Vorstellung von einem eindeutigen, "natürlich gegebenen" biologischen Geschlecht stellt Butler wie andere dekonstruktivistische Theorektikerinnen die Unterscheidung zwischen einem anatomischen Geschlecht *sex* und dem sozialen Geschlecht *gender* in Frage, denn auch *sex* scheint von vornherein von „genderization" abhängig (vgl. Frey/Dingler 2000: VI; Osinski 1998: 111). Selbst das Wahrnehmen des sogenannten biologischen Geschlechts als etwas Selbsturspüngliches oder Authentisches ist demnach bereits eine Kulturleistung. Dennoch bleibt die begriffliche Unterscheidung zwischen sex und gender ein wichtiges Instrumentarium für Butlers Analyse von (Geschlechts-)Identität[61].

Die Vorstellung vom diskursiv konstruierten Körper meint jedoch nicht, daß der Körper ausschließlich linguistisch konstituiert ist, wie

---

[60] Mit dieser Aussage hat Simone de Beauvoir der Vorstellung von Geschlecht als sozialer Konstruktion Ausdruck gegeben, noch bevor der Begriff „gender" 1972 von Ann Oakley in diesem Sinn eingeführt wurde (vgl. Frey/Dingler 2000: VI f.). In ihrer 1949 vorgelegten Analyse über „Le Deuxième Sexe", die 1951 unter dem Titel „Das andere Geschlecht" in deutscher Übersetzung erschien, legt Beauvoir dar, daß der Mann zu allen Zeiten und Kulturen den Status eines Subjektes innehat und der Frau als „der Anderen" Objekt-Status zugewiesen wird, den sie schließlich verinnerlicht und der sich auf alle Bereiche des gesellschaftlichen Lebens auswirkt (vgl. Osinski 1998: 31).

[61] Die Unterscheidung zwischen biologischem und sozialem Geschlecht (sex und gender) wird schwerpunktmäßig in Butlers zweitem Buch „Körper von Gewicht. Die diskursiven Grenzen des Geschlechts", das 1993 unter dem Originaltitel „Bodies that Matter" erschien, analysiert und dort als „kulturell konstruierte Ideologie" entlarvt (vgl. Butler 1997: Klappentext).

Butler in ihrem 1995 in deutscher Sprache erschienenen Werk „Körper von Gewicht. Die diskursiven Grenzen des Geschlechts" betont (vgl. Butler 1997: 11). Es geht auch nicht darum, einer Entkörperlichung Vorschub zu leisten (vgl. Osinski 1998: 114). Vielmehr soll eine „Biologie als Schicksal" überwunden werden, indem aufgezeigt wird, daß das, was als vermeintlich natürlich ausgegeben wird, immer schon kultureller und sozialer Deutung unterliegt. Das Infragestellen der biologischen Basis der Besonderheit von Frauen kann nach Butler den Weg bereiten

> [...] zu einer Rückkehr zum Körper [...], dem Körper als einem gelebten Ort der Möglichkeit, dem Körper als einem Ort für eine Reihe sich kulturell erweiternder Möglichkeiten.
>
> (Butler 1997: 10 f.)

Dies ist zudem ein Plädoyer für die Anerkennung von Körpern außerhalb der Norm.

In Anlehnung an Foucaults Theorem der Körperdisziplinierung in seinem Werk „Überwachen und Strafen" macht Butler den Körper als die Stelle aus, an der die Machtselbst übertragen und umgelenkt wird[62] [63]; der Körper ist ein „Nexus", eine Durchkreuzung der Macht und ein Moment des Durchlebens. Er ist „Durchgangspunkt" von Erfahrungen überhaupt sowie „aktive, spannungsreiche, umkämpfte Bedingung der Neuausrichtung" (Butler 2003, 57); der Körper ist damit „Leidenschaft" (vgl. Butler 2003: 58). Der Körper ist insofern materiell, als er Ort der „Umlenkung", des „Überfließens" und der „Umwertung" der Macht ist, wobei er sich zugleich als pro-

---

[62] Mitschrift Frankfurter Foucault-Konferenz: Vortrag von Judith Butler; vgl. auch Butler 2003: 58

[63] Die als Strategie gedachte Macht wirkt in paradoxer Gleichzeitigkeit auf den Körper ein, den sie selbst erst aktiviert (vgl. Butler 2003: 59).

duktiver und unterworfener erweist: „Die Macht geschieht diesem Körper, aber er bietet auch die Möglichkeit dafür, daß der Macht etwas Unvorhersehbares [...] geschieht [..]." (Butler 2003; 58). Der Körper ist damit zugleich „Träger" und „Instrument" der Macht. Die Handlungsfähigkeit des Subjekts läßt sich in eben dieser Beziehung zwischen Macht und Körper lokalisieren als „immerwährende Aktivität der Macht in ihren Kursänderungen, ihrem Überfließen, ihrem Diffundieren und Materialisieren" (Butler 2003: 59).

Die Macht, so folgt Butler Foucault weiter, heftet das Subjekt an seine eigene Identität Hier wird von der notwendigen Selbstverhaftung des Subjekts ausgegangen, die über Normen gesellschaftlich vermittelt wird, denn: „Um zu sein, [...] müssen wir anerkennbar sein" (Butler 2003: 64). Das leidenschaftliche Verhaftetsein mit sich selbst ist damit durch soziale Normen begrenzt. Eine vollständige Identität mit sich selbst, die sich aus dem Befolgen der bestehenden Normen zu ergeben scheint, d. h. der Glaube, „derjenige, den man durch die Norm eingerahmt sieht, sei mit dem identisch, der hier steht" (ebd.), erweist sich jedoch als Illusion[64]:

Gerade in seinem Verhaftetsein findet sich das Subjekt also beschränkt. Seine Handlungsfähigkeit manifestiert sich jedoch gerade inmitten dieser Beschränkung: Wenn die Macht das Subjekt an die eigene Identität heftet, derer das Individuum in anerkannter Form bedarf, somit Unterordnung zugleich Voraussetzung für Anerkannbarkeit ist, und der Körper zugleich als die Stelle gilt, an der die Macht selbst übertragen und umgelenkt wird, dann läßt sich der Körper als Leidenschaft für das eigene Sein deuten. Die Macht

---

[64] „Was aus den Normen herausfällt, ist strenggenommen nicht anerkennbar. Das heißt nicht, daß es folgenlos bleibt; ganz im Gegenteil ist dies genau der Bereich unserer selbst, den wir ohne Anerkennung leben, in dem wir durch Verleugnung beharren, für den wir kein Vokabular haben, den wir aber ertragen, ohne es wirklich zu wissen" (Butler 2003: 63).

wirkt nicht einfach auf den Körper, sondern in seine „körerlichen Leidenschaften", seine „Selbsterhaltung" und „Erkennbarkeit" ein:

> Die Macht orchestriert somit eben die Art und Weise, in der wir uns affektiv unserer Identität versichern oder sie aufgeben. Der Körper wird auf die eine oder andere Art in dieser Reformulierung zu Leidenschaft, er wird eine Leidenschaft für mein eigenes Sein, die durchlaufen muß, was das Andere ist, die Bedingung meiner Reflexivität[65], in der ich mich den Normen unterordne, die ich nicht wählen kann, aber die mir in der Unterordnung vielleicht die Chance lassen, eine andere Art zu sein zu entdecken.
>
> (Butler 2003: 66 f.)

Hier zeigen sich Möglichkeiten des Auflehnens gegen die Begrenzungen intelligibler Identität, auch wenn der Kreislauf der Anerkennbarkeit und Anerkennung mit einem erweiterten Normen- und damit Identitätsspektrum erneut einsetzt. Butler zeigt hier auf, daß „die menschliche Leidenschaft der Selbsterhaltung" zugleich die „Möglichkeit der Revolte" in sich birgt:

> Und hier scheint er [Foucault; Anm. der Verfasserin] die Keime der Veränderung in einem Leben der Leidenschaft zu finden, das an den Grenzen der Anerkennbarkeit lebt und gedeiht, das immer noch über die begrenzte Freiheit verfügt, noch nicht falsch oder wahr zu sein und das eine entscheidende Distanz zu den Bedingungen eröffnet, die über unser Sein entscheiden.
>
> (Butler 2003: 67).

Deutlich wird hier noch einmal, daß in Butlers Konzeption Identität und Körper vielschichtig miteinander verbunden sind. Butlers Theo-

---

[65] Reflexivität ist Foucault zufolge zu deuten als „der Schauplatz [...], auf dem die Macht das Subjekt erschaft und durchdringt" (Butler 2003: 65 f.).

rie bricht zudem mit dem cartesianischen Dualismus, der selbst in feministischen Theorien wirksam ist, wenn der Körper wie bei Beauvoir als „stumme Faktizität" betrachtet wird (vgl. Butler 1991: 191). Die klassische Trennung zwischen „res extensa" (Körper, Außenwelt) und „res cogitans" (Geist, Innenwelt) wird in ihrer Analyse aufgehoben. Statt dessen wird die Grenze zwischen innen und außen als variabel angesehen und ein gleichzeitiges, andauerndes, ineinandergreifendes Werden aufgezeigt, bei dem sich aktive Aneignung und passive Einschreibung von (Körper-) Normen überschneiden.

Vor dem Hintergrund der eingenommenen feministischen Untersuchungsperspektive und des kulturkritischen Analyserahmens erscheint die von Butler vorgenommene Gleichsetzung zwischen Identität und Geschlechtsidentität plausibel. Dennoch bleibt zu diskutieren, ob hier nicht doch ein auf Geschlechtsein reduziertes Verständnis personaler Identität vorliegt, wie von Gugutzer (2002: 56) im Hinblick auf feministische Arbeiten angeführt. Diese Kritik schließt ein, daß die Bedeutung des Körpers für die Geschlechtsidentität nicht mit dessen Bedeutung für die personale Identität gleichgesetzt werden kann. Gegen diese Einschätzung bliebe jedoch einzuwenden, daß hier unterschiedliche Untersuchungsebenen berücksichtigt werden müssen. So nimmt Butler keine sozialpsychologische Analyse personaler Identität vor, sondern eher eine philosophiekritische Untersuchung der Identitätsfrage. Zu diskutieren bliebe jedoch, ob angesichts der notwendigen Selbstverhaftung des Subjekts Identität nicht doch mehr sein kann als die zuvor beschriebene Inszenierung.

Insgesamt haben Judith Butlers philosophie- und kulturkritische Analysen zum Wesen der Geschlechtsidentität eine kontroverse Diskussion ausgelöst, in der auch die Gleichzeitigkeit von Körperbetonung und Leibverdrängung thematisiert wird[66]. Nichtsdestoweniger beinhalten Butlers Ausführungen wichtige Impulse im Hinblick auf die Entwicklung von Identitätstheorien. So schafft ihr Plädoyer für die Aufhebung der dichotomischen Unterscheidung zwischen Geist/Innenwelt und Körper/Außenwelt sowie die kritische Hinterfragung der philosophischen und politischen Grundlagen des Identitätsbegriffs die Voraussetzung für eine erweiterte Perspektive auf die Identitätsproblematik.

3.4.2.3 Butlers Identitätskonzeption am Beispiel der Performancekunst

Butlers Konzeption von Identität und Geschlechtsidentität läßt sich besonders anschaulich am Beispiel der Performancekunst darstellen, einer verschiedene Medien überschreitenden Kunstform, die sich in den ausgehenden 1960er Jahren etablierte (vgl. Pilz 2000: 405). Zu den Charakteristiken dieser Kunstform zählt, daß das Kunstwerk als nie abgeschlossen, Künstler und Rezipient als gleichberechtigt nebeneinander stehend betrachtet werden. Performances (*engl.: Aufführung, Darstellung, auch Leistung*) sind formal aufgrund des "inszenatorischen Gestus der Aktion", aber auch im Hinblick auf entgrenzte Ausdrucks-, Wahrnehmungs- und Re-

---

[66] Siehe hierzu die von Jutta Osinski wiedergegebene Kritik der Historikerin Barbara Duden, die in einer solchen „dekonstruktivistischen Auffassung vom performativen *doing gender*" (Osinski 1998: 117, kursiv dort) eine „Aufforderung zur Selbstentkörperung" sieht. Duden verweist auf Analogien mit den *gender performances* in der Popkultur, die sich ihrer Ansicht nach durch Leibverdrängung auszeichnen. Der spielerische Wechsel zwischen Geschlechterrollen ist demnach nicht als eine Selbst-*Ver*körperung, sondern vielmehr als Selbst-*Ent*körperung zu sehen, da es sich lediglich um die Inszenierung eines „intellektuell gesteuerten Spiels, das auf der Verdrängung von Leiberfahrungen beruht", handelt (ebd.).

zeptionsmöglichkeiten[67] mit dem Theater verwandt und lassen sich im wesentlichen als "prozessuales Darstellungsexperiment" beschreiben (Fricke 2000: 12). Generell zeichnen sich Performances durch "prozessuale Handlung" (ebd.: 13) aus. War die Performance zunächst als Versuch zu werten, den traditionellen Theaterbegriff aufzulösen, indem durch künstlerische Aktionen auf den "Prozeßcharakter von Aufführungen" hingewiesen wurde, läßt sich Performance heute insgesamt als "Metapher für die Theatralität von Handlungen" lesen (Hollweg 2002: 304).

Die Performancekunst geht aus der Aktionskunst hervor, die in den 1970er Jahren begrifflich von der Performance abgelöst wurde. Die Aktionskunst nimmt ihren Anfang bereits im 19. Jahrhundert; Hauptanliegen war zunächst eine Art künstlerische Revolte gegen bürgerliche Konventionen, denen Aktionen und Manifeste entgegengesetzt wurden. Die Performance ist eine dem in den 1960er Jahren entstandenen Happening ähnliche, meist von einem einzelnen Künstler dargebotene künstlerische Aktion. Beim Happening, das oft als eine Art „chaotischer Großaktion" angelegt wurde, ist die Beteiligung des Publikums eines der Hauptkriterien, woraus eine Unvorhersehbarkeit des Ablaufs resultiert. Bei der Performance hingegen steht das Publikum außerhalb der Aktion, wird sogar mitunter aus dem Aktionsraum ausgesperrt (vgl. Jappe 11 ff.).

Hauptausdrucksmittel in der Performance ist der Körper, der zugleich Subjekt, Objekt und Medium ist. Performancekunst ist keine schauspielerische Darstellung, in der die Aktuerin/der Akteur eine Rolle übernimmt, sondern eine unmittelbare Ausdrucksform. Die Darbietung der Performer ist jeweils einmalig, d. h. nicht auf die gleiche Art und Weise wiederholbar, und erhebt damit Authentizi-

---

[67] „Performance, through ist embodiment of absence, in its enactment of disappearance, can only leave traces for us to search between, among, beyond [...]" (Gilpin 1996, zit. n. Jeschke 1997: 178).

tätsanspruch (vgl. ebd.). Im Vergleich zur Schauspielkunst zeichnet sich die Performance zudem durch die Aufhebung linearer Strukturen, wie sie im traditionellen Illusionstheater bestehen, aus, indem u. a. auf narrative Strukturen verzichtet wird. Zeichen und ihre Bedeutung werden somit nicht mehr eindeutig, linear, verbunden, so daß assoziativer Raum entsteht. Während im traditionellen Illusionstheater „Realität" repräsentiert und reproduziert wird, wird sie in der Performance inszeniert (vgl. Apfelthaler 1997: 238).

Da die Entstehung neuer künstlerischer Ausdrucksformen als Versuch zu werten ist, auf gesellschaftliche Veränderungen in einer adäquaten Form zu reagieren, läßt sich die Performance als künstlerischer Ausdruck einer neuen Körperorientierung auffassen. Die Performance zeichnet sich dabei durch die Verbindung von Kunst und Leben aus, so wird beispielsweise der Alltag in der Performance inszeniert, so daß Leben Bestandteil der Kunst ist und umgekehrt. In dem Versuch, die Grenzen von Kunst und Leben zu überschreiten, wird es durch die Performance möglich, auf die Rollenfixierungen und Inszenierungen des täglichen Lebens zu verweisen (vgl. Hollweg 2002: 304; Pilz 2000: 405). Dies macht sie nutzbar für die Darstellung eines performativen Geschlechterbegriffs.

Butler selbst beruft sich zur Illustration ihrer Analysen auf Performances, nämlich die Geschlechter-Parodie in Form der Travestie und des Pastiche. (Rollen-)Travestie ist zunächst ganz allgemein als äußere Maskierung eine Form der Schauspielkunst, die auf vormoderne Frauendarsteller wie die „boy actors" im Shakespeare-Theater zurückgeht (vgl. Runte 2000: 511). Das in der Travestie zentrale Cross-dressing meint die Aneignung der „kulturell codierten Zeichen" (ebd.) des anderen Geschlechts, die insbesondere die Kleidung ausmachen. Pastiche bezeichnet die (nicht parodisierende) Nachahmung im Sinne der Mimikry.

Transvestische, sogenannte „Drag"-Performances zeichnen sich durch den Wechsel der Geschlechterrollen aus. Durch den Einsatz zahlreicher Stilmittel wird die äußere Wandlung von Frau zu Mann oder vice versa vollzogen und mitunter gleichzeitig von dem Performancekünstler kommentiert, wobei auch das „innere Befinden" zum Ausdruck gebracht wird. So verkleidet sich beispielsweise eine Performerin als Mann und kommentiert diese „male impersonation" begleitend, indem sie während der Travestie erklärt, wie eine Frau ein Mann wird und schließlich, als Mann „verkleidet", wie ein Mann ein Mann wird, d. h. sich als „richtiger Mann" verhält[68].

Drag ist ein Begriff, der aus dem homosexuellen Slang des 19. Jahrhunderts stammt und im theatralen Rahmen das Kostüm von Frauendarstellern bezeichnet. Wie zuvor dargelegt, bezeichnet Drag heute sowohl die Mann-zu-Frau-Travestie als auch die Frau-zu-Mann-Travestie; ein Drag King ist eine Frau, die als Mann auftritt. Umgekehrt ist eine Drag Queen ein als Frau auftretender Mann, der jedoch „komischer" wirkt als ein Drag King, so daß die Wandlung von Frau zu Mann scheinbar eine geringere Transferleistung erfordert als die von Mann zu Frau (vgl. Apfelthaler 1997: 245), was zugleich auf eine größere Akzeptanz des Drag King hinweist. Tatsächlich steht der größeren Toleranz gegenüber des Frau-zu-Mann-Wechsels, dessen Dokumentation bis in die frühe Neuzeit zurückreicht, eine Stigmatisierung des „Effeminatus" gegenüber, die auf die patriarchale Hierarchie der Geschlechter zurückgeführt wird (vgl. Runte 2000: 511).

Als "kulturelle Praxis der gegengeschlechtlichen Verkleidung in homosexuellen Subkulturen" wird *drag* sowohl vom "psychopathologischen Begriff des Transvestismus" als auch von der "kabaretti-

---

[68] Diese Ausführungen zu transvestischen Performances gehen zurück auf die von Vera Apfelthaler vorgenommene Interpretation der Performance „Drag Kings and Subjects" von Diane Torr (Apfelthaler 1997: 237 ff.).

stischen Travestie" unterschieden. Dabei kann sowohl ein tatsächliches "*passing* im anderen Geschlecht" intendiert sein als auch lediglich eine Übertreibung und Parodie von Geschlechtsidentität, die die Kategorie Geschlecht in Frage stellt (Funk 2002: 73 f., kursiv im Original).

Drag wird in den Kontext von *Camp* gestellt, einer sich durch "exzessive Theatralik, Künstlichkeit und Humor" auszeichnenden Stilrichtung im Rahmen einer v. a. männlichen homosexuellen (Sub-)Kultur. Camp als "diskursiver Modus" diente zunächst dazu, sich durch einen effeminierten Habitus anderen Homosexuellen gegenüber kenntlich zu machen. Im Rahmen der Camp-Ästhetik gelten insbesondere "*gender*-Rollen" als Äußerlichkeit und werden zur Stilfrage (Jung 2002: 46; kursiv im Original). Das "System *camp*" mit seiner übertriebenen Stilisierung und Inszenierung umfaßt alle alltäglichen Kontexte, "anorganische" wie "organische Körper", Produktion und Rezeption, d. h., sowohl "Mode-Accessoires" als auch "Geschlechtsidentität" können camp sein, ebenso "Produkte" wie Bücher oder Filme wie auch deren Lesart (Apfelthaler 1997: 244; kursiv im Original). Camp wird als „Deformierung, Travestie und Auflösung" patriarchaler Strukturen bewertet (vgl. Huyssen 1985, zit. in Wiens 1997: 262). Drag Performance kann schließlich als "camp par excellence" angesehen werden (Jung 2002: 46).

Wenn in der transvestischen Performance auch scheinbar bruchlose Übergänge zwischen „männlich" und „weiblich" möglich werden, bleibt dennoch die zugrunde liegende binäre Organisation bestehen, es gibt kein Jenseits dieser Opposition im Sinne einer Art polymorpher Identität. Eine traditionelle Geschlechterordnung erscheint jedoch in den Performances der Popkultur mitunter bereits aufgehoben und ersetzt durch eine „Inszenierung flukturierender multipler Nicht-Identitäten", wie sie beispielsweise von den postmodernen „Pop"-Performance-Künstlern Madonna oder Michael Jackson dargeboten wird (vgl. Runte 2000: 511)[69]. Generell muß jedoch zwischen kommerzialisierter „Mainstream"-Travestie und der Subversion der traditionellen Geschlechterordnung unterschieden werden. So dient beispielsweise die nur spielerische Einflechtung transvestischer Momente in populäre Unterhaltungsfilme wie „Tootsie" letztlich der Stabilisierung heterosexueller Normen und ermöglicht lediglich eine „ritualistische Entlastung" (vgl. Apfelthaler 1997: 247)[70].

Transvestische Performances kommen einer künstlerischen Umsetzung der Konstituierungsprozesse gleich, nach denen sich Butler zufolge (Geschlechts-)Identität herausbildet. So scheint Drag genau die Lücke zu füllen, die nach Butlers Konzeption von Geschlechtsidentität entsteht (vgl. Apfelthaler 1997: 246). Wie zuvor ausgeführt, besteht nach Butler auf einer „heterosexuellen Matrix" ein normatives Ideal, das „auf der Einheit von *sex, gender, gender performance* und Begehren basiert" (Apfelthaler 1997: 246, kursiv im Original) und eine endlose Wiederholung der Imitation erfordert, um diesem Ideal bestmöglich zu entsprechen; gleichzeitig müssen andere mögliche Geschlechtsidentitäten ausgeschlossen werden. Drag bricht nun diese Einheit auf, schließt „das Andere" mit ein und bewegt sich damit zwischen einer Subversion heterosexueller Normen und deren Affirmation. Ganz konkret veranschaulicht Travestie die Prozesse der Signifikation und Resignifikation, indem die Normie-

---

[69] Der Wechsel der Geschlechterrollen in den Gender Performances der Pop-Kultur wird dabei nicht nur als eine spielerische Art des „doing gender" angesehen, das sich durch Selbstverkörperung im positiven Sinne auszeichnet, sondern im Gegenteil als bloße Inszenierung kritisiert, die letztlich auf einer Verdrängung der Leiberfahrungen beruht (vgl. dazu die von Jutta Osinski zusammengefaßte Kritik der Historikerin Barbara Duden in Osinski 1998: 117).

[70] Auch Butler weist darauf hin, daß Parodie an sich nicht subversiv ist, sondern ihre Wirkung vom jeweiligen Kontext und der Rezeption abhängen. Es kommt darauf an, den performativen Charakter von Geschlechtsidentität zu entlarven und diesen so in Szene zu setzen, daß „die naturalisierten Kategorien der Identität und des Begehrens ins Wanken geraten" (Butler 1991: 204).

rung von Körper und Geschlecht(sidentität) vergegenwärtigt werden.

Butler selbst sieht in der Travestie das Gesetz der heterosexuellen Kohärenz aufgebrochen. Travestie macht sich demnach „über die Vorstellung einer wahren geschlechtlich bestimmten Identität" als auch über deren „Ausdrucksmodell" (Butler 1991: 201) lustig und subvertiert darüber hinaus die Unterscheidung zwischen seelischem (individuellem) Inneren und Außen. Damit erscheint die Travestie zugleich als Parodie des cartesianischen Dualismus. In der Travestie ergeben sich schließlich vielschichtige Verschiebungen jenseits der einfachen Differenz zwischen beispielsweise einem männlichen äußeren Erscheinungsbild und einem weiblichen „inneren Wesen":

> Wenn die Anatomie des Darstellers immer schon von seiner Geschlechtsidentität unterschieden ist, und diese beiden sich wiederum von der Geschlechtsidentität der Darstellung *(performance)* unterscheiden, dann verweist die Darstellung nicht nur auf eine Unstimmigkeit zwischen Geschlecht *(sex)* und Darstellung, sondern auch auf eine Unstimmigkeit zwischen Geschlecht und Geschlechtsidentität *(gender)* und zwischen Geschlechtsidentität und Darstellung.
> (Butler 1991: 202, kursiv im Original)

Eine solche Darstellung bricht damit das „Gesetz der heterosexuellen Kohärenz" auf und „ent-naturalisiert" (ebd.: 202) schließlich die Kategorien Geschlecht und Geschlechtsidentität, indem die kulturell erzwungene Einheit zwischen beiden unterlaufen wird[71]. Noch einmal Butler:

> *Indem die Travestie die Geschlechtsidentität imitiert, offenbart sie implizit die Imitationsstruktur der Geschlechtsidentität als solcher – wie auch ihre Kontingenz.*
> (Butler 1991: 202, kursiv im Original)

---

[71] So muß beispielsweise das Wesen, das eine Frau wird, nicht zwingend weiblichen Geschlechts sein, wie Judith Butler an Simone de Beauvoirs Darstellung von Geschlechtsidentität aufzeigt (vgl. Butler 1991: 26).

4 Schlußbetrachtung und Ausblick

Wieviel Körper/Leib braucht Identität in der (post-)modernen Gesellschaft? Aus den zuvor untersuchten Theorien zur individuellen Identität läßt sich ablesen, daß Identität und Körper zwar vielschichtig miteinander verflochten sind, dieses Faktum jedoch erst in „postmodernen" Identitätskonzeptionen ausreichend berücksichtigt wird.

Identität ist in einem sozialpsychologischen Sinn als Ergebnis selbstreflexiver Akte aufzufassen, in denen die persönlichen und sozialen Erfahrungen einer Person zu einem einheitlichen Bild von sich verdichtet werden. Erfahrungen, so zeigt sich aus phänomenologischer Perspektive, sind dabei immer als leibliche Erfahrungen anzusehen (vgl. Gugutzer 2002: 15). Dieser Erkenntnis tragen die hier behandelten klassischen sozialpsychologischen Identitätstheorien jedoch keine Rechnung. Kontinuität und Kohärenz in bezug auf die identitätsrelevanten Kriterien und auf den Entwicklungsverlauf erscheinen hingegen als wichtige Faktoren, um zu einer solchen selbsterfahrenen Ganzheit zu gelangen. Identität ist als situative Leistung anzusehen, d. h., sie muß im jeweiligen Kontext neu aufgebaut werden.

Eine kulturkritische Herangehensweise eröffnet in diesem Zusammenhang einen erweiterten Blickwinkel auf die Identitätsdefinition, indem die normativen Grundlagen der zugrunde gelegten identitätsrelevanten Kriterien fokussiert werden. So spiegeln sich die gesellschaftlichen Anforderungen an das Individuum in den Vorstellungen einer gelungenen oder intelligiblen Identität wider, die zugleich das unangepaßte Nicht-Identische ausgrenzt. Eine gesellschaftskonforme Identitätsausbildung läßt sich in diesem Rahmen als Unterordnung unter gesellschaftliche Machtansprüche deuten. Widerstandspotential und ein erweitertes Identitätsspektrum sind dort zu

4 Schlußbetrachtung und Ausblick

erkennen, wo die Machtinteressen hinter den gültigen Identitätsvorstellungen erkannt und unterlaufen werden, indem das Inkohärente, Diskontinuierliche, Wandelbare als eben doch Identisches zugelassen wird. Hier haben auch alternative Identitätsvorstellungen wie eine Ästhetisierung des Selbst als Lebenskunstwerk ihren Platz.

Die Gestalt des Körpers scheint dabei Übertragungsort und Ausdruck der auf das Individuum ausgeübten Macht zu sein. So wurde ganz konkret in feministischen Konzeptionen die zuvor vernachlässigte Kategorie „Geschlecht" als gesellschaftliches Ordnungsprinzip erkannt, so daß der Körper mitsamt des passiven Leibempfindens auch und gerade als soziale Tatsache begriffen werden konnte. Zugleich gerät der Körper sowohl als Spielraum und Medium individueller Wandlungsfähigkeit als auch als Ort der Selbstfürsorge in den Blick.

Mit der fortschreitenden Individualisierung und der damit einhergehenden zunehmenden Freisetzung der und des Einzelnen aus festen sozialen Gefügen scheint nun insgesamt eine Abkehr von Identitätsvorstellungen, die auf eine kontinuierliche Weiterentwicklung in eine bestimmte vorgegebene Richtung abzielen, angezeigt. Ein situatives Sich-öffnen-Können, das Einlassen auf den Moment, Sich-wandeln-Können (aber nicht müssen!), letztlich das Verlassen auf sich selbst, das sich eben auch über die eigenen Körperempfindungen ausdrückt, wird zunehmend wichtig angesichts sozialer Erosionsprozesse. Die vielfältigen Bemühungen der Menschen um den eigenen Körper, die sich in alltagsnahen Beobachtungen zeigen, verweisen hier auf das Zurückgeworfensein des Einzelnen auf sich selbst.

Eine sich gerade über den Körper ausdrückende Identität, der Einsatz von Mimik, Gestik, Kleidung, Körperhaltung, erscheint hier als probates Mittel, um gesellschaftlich „Position zu beziehen" und auf die hohe gesellschaftliche Dynamik mit eigener Wandlungs- und damit Anpassungsfähigkeit zu reagieren. Nichts scheint mehr dauerhaft Bestand zu haben, selbst die Geschlechtsidentität ist zur Entscheidungsfrage geworden, die zu beantworten, sprich den umgebenden Verhältnissen anzupassen (oder auch nicht) und ständig neu in Szene zu setzen ist.

Eine auf Wandlungsfähigkeit und körperlichen Ausdruck basierende Identitätskonzeption würde letztlich die vielfältigen, schnellebigen und zum Teil widersprüchlichen (Rollen-)Anforderungen an das (post-)moderne Individuum, die es bei Aufbau seiner Identität integrieren muß, berücksichtigen können. Dies wäre möglich, ohne das Individuum in doch ein wenig pathologisch anmutende „multiple Identitäten" aufspalten zu müssen oder dem Selbst „Multiphrenie" zu attestieren, die nach Kenneth J. Gergen eine „Spaltung des Individuums in eine Vielfalt von Selbstinvestitionen" in Folge sozialer Übersättigung darstellt (vgl. Gergen 1996: 131). Wird dabei die kulturkritische Perspektive nicht aus den Augen verloren, erscheint ein solches körperorientiertes Identitätskonzept zudem nicht „unpolitisch", da Körper letztlich als Ausdruck gesellschaftlicher Bedingungen angesehen werden können. Identität als je neu zu gestaltendes „Spiel mit den Möglichkeiten" (Kraus 1998: 41) bleibt dennoch mehr als eine Inszenierung oder ein nur hypothetisches Konstrukt. Voraussetzung für eine körperbezogene Identität, die über eine auf den Moment bezogene Inszenierung hinausgeht, bleiben reflexive Leistungen, in denen das eigene Leibempfinden und zugleich die äußeren, auch auf den Körper bezogenen Einflüsse in der jeweiligen Situationsausgestaltung miteinander verbunden und wirksam gemacht werden.

Die für eine erfolgreiche Identität grundlegenden Faktoren der Reflexivität und des Auf-den-Moment-bezogen-Seins finden sich bereits in den klassischen sozialpsychologischen Identitätstheorien seit Mead. Die Bedeutung des Körpers, und zwar hier auch des passiven Leibempfindens, für die frühkindliche Identitätsentwicklung wird in den vorgestellten Identitätstheorien zwar anerkannt, mit fortschreitender Entwicklung des Individuums ist der Körper jedoch allenfalls als zu gestaltendes Selbst-Objekt relevant. Festzustellen ist, daß die dem sozialpsychologischen Paradigma zuzuordnenden Theorien größtenteils ganz im Sinne des cartesianischen Dualismus eine „sozial-kognitive Verengung" (Gugutzer 2002: 57) herausgebildet haben.

Es gilt, diese Identitätstheorien um Aspekte einer „reflexiven Leiblichkeit" (ebd.: 295)[72] zu ergänzen, wie im Konzept der „biographischen Identität" geschehen, und die Ergebnisse empirisch zu überprüfen. Dies macht die Einbeziehung leibphilosophischer Erkenntnisse bei der Weiterentwicklung von Identitätstheorien erforderlich. Zudem sollte die aus kulturkritischer Perspektive vorgenommene Kritik an der Normativität „klassischer" Identitätsvorstellungen sowie das dort aufgezeigte erweiterte Identitätsspektrum Berücksichtigung finden. Wenn festgestellt wird, daß der Körper ein „gestaltbares Referenzschema für Identität" (Keupp 1999: 89) ist und nicht lediglich eine „materiale Hülle für Identität" bereitstellt, so sollte auch hier die grundlegende Bedeutung des reflektierten Leiberlebens miteinbezogen werden.

Insgesamt bleiben die sozialpsychologischen Identitätstheorien neben den postmodernen, kulturwissenschaftlichen Konzeptionen von größter Wichtigkeit, um ganz konkret die individuelle Identität der und des Einzelnen in der gegebenen sozialen Situation untersuchen zu können. Nichtsdestoweniger haben die eher dem ästhetischen Bereich zuzuordnenden postmodernen Theorien ihren festen

---

[72] In diesem Zusammenhang sei auch auf das von Robert Gugutzer (2002) „am ‚Leitfaden des Leibes' entwickelte Identitätsmodell" hingewiesen (Gugutzer 2002: 17).

Platz, da sie nicht nur als Vorreiter der Identitätsdiskussion im Hinblick auf die Körperthematik gelten können, sondern ganz besonders die Theatralität von Identität veranschaulichen, die auch bereits aus soziologischer Perspektive aufscheint. Identitätstheoretiker/innen sollten sich Synergieeffekte zunutze machen, die sich aus der Berücksichtigung und zugleich kritischen Hinterfragung verschiedener theoretischer Ansätze ergeben. Wünschenswert wäre die Weiterentwicklung „post-cartesianischer" Identitätskonzeptionen, die den Körper/Leib als identitätsstiftendes und -ausdrückendes Moment einschließen und zugleich die umgebenden gesellschaftlichen Faktoren kritisch hinterfragen.

Literaturverzeichnis

Abels, Heinz (1998): *Interaktion, Identität, Präsentation. Kleine Einführung in interpretative Theorien der Soziologie*. Hagener Studientexte zur Soziologie 1. Opladen/Wiesbaden: Westdeutscher Verlag.

Alheit, Peter (1999): „Reading Body Stories. Zur ‚leibhaftigen' Konstruktion der Biographie". In: Alheit, Peter et al. (Hg.): *Biographie und Leib*. Gießen: Psychosozial-Verlag. 223-244.

Alheit, Peter et al. (Hg.) (1999): *Biographie und Leib*. Gießen: Psychosozial-Verlag.

Apfelthaler, Vera (1997): „*Drag*, Performance und das performative Körpergedächtnis: Zur Frage nach einem Gedächtnis des Körpers in Diane Torrs Performance *Drag Kings and Subjects*". In: Öhlschläger, Claudia/Wiens, Birgit (Hg.) (1997): *Körper – Gedächtnis – Schrift. Der Körper als Medium kultureller Erinnerung*. Geschlechterdifferenz & Literatur 7. Berlin: Erich Schmidt. 237-253.

Assmann, Aleida/Friese, Heidrun (1998): „Einleitung". In: Assmann, Aleida/Friese, Heidrun (Hg.) (1998): *Identitäten*. Erinnerung, Geschichte, Identität 3. Frankfurt a. M.: Suhrkamp (= Suhrkamp-Taschenbuch Wissenschaft; 1404). 11-23.

Assmann, Aleida/Friese, Heidrun (Hg.) (1998): *Identitäten*. Erinnerung, Geschichte, Identität 3. Frankfurt a. M.: Suhrkamp (= Suhrkamp-Taschenbuch Wissenschaft; 1404).

Assmann, Jan (1997): *Das kulturelle Gedächtnis. Schrift, Erinnerung und politische Identität in frühen Hochkulturen*. 2., durchges. Auflage. München: C. H. Beck.

Baumann, Zygmunt (1995): „Zeit des Recycling: Das Vermeiden des Festgelegtseins. Fitneß als Ziel". In: *Psychologie & Gesellschaftskritik* 74/75.2/3, 7-23.

Beck, Ulrich (1986): *Risikogesellschaft. Auf dem Weg in eine andere Moderne.* Frankfurt a. M.: Suhrkamp (= edition suhrkamp; 1365).

Bielefeld, Jürgen (Hg.) (1986): *Körpererfahrung. Grundlage menschlichen Bewegungsverhaltens.* Göttingen etc.: Verlag für Psychologie Dr. C. J. Hogrefe.

Bisler, Wolfgang (1978): „Symbolischer Interaktionismus". In: Fuchs, Werner et al. (Hg.) (1978): *Lexikon zur Soziologie..* 2., verb. u. erw. Aufl. Opladen: Westdeutscher Verlag. 353-354. [Ungekürzte Sonderausgabe, 1988].

Bohleber, Werner (1998): „Zur Bedeutung der neueren Säuglingsforschung für die psychoanalytische Theorie der Identität". In: Keupp, Heiner/Höfer, Renate (Hg.) (1998): *Identitätsarbeit heute. Klassische und aktuelle Perspektiven der Identitätsforschung.* 2. Aufl. Frankfurt a. M.: Suhrkamp (= Suhrkamp-Taschenbuch Wissenschaft; 1299). 93-119.

Borbonus, Valeria (1999): „Lokalisierung kritischer Körperkonzepte innerhalb variierender Körper(be)deutungen". In: *femina politica. Zeitschrift für feministische Politik-Wissenschaft* 8.2, 41-53.

Born, Claudia/Krüger, Helga (Hg.) (1993): *Erwerbsverläufe von Ehepartnern und die Modernisierung weiblicher Lebensläufe.* Weinheim: Deutscher Studien Verlag.

Borsche, Tilman (1980): „Leib, Körper (I. Antike und Mittelalter)". In: Ritter, Joachim/Gründer, Karlfried (Hg.) (1980): *Historisches Wörterbuch der Philosophie.* 5. Bd. Basel/Stuttgart: Schwabe. 174-178.

Bourdieu, Pierre (1987a): *Die feinen Unterschiede. Kritik der Gesellschaftlichen Urteilskraft.* Übers. von Bernd Schwibs/Achim Russer. 10. Aufl. Frankfurt a. M.: Suhrkamp, 1998 (= Suhrkamp-Taschenbuch Wissenschaft; 658). [1. Aufl. 1987; Orig.: *La distinction. Critique sociale du jugement.* Paris 1979].

Bourdieu, Pierre (1987b): *Sozialer Sinn: Kritik der theoretischen Vernunft.* Übers. Von Günter Seib. Frankfurt a. M.: Suhrkamp. [Orig.: *Le sens pratique.* Paris 1980].

Braemer, Gudrun/Oechsle, Mechthild (1993): „Die Verortung im Geschlechterverhältnis als Strukturierungsmoment der Lebensplanung von Frauen". In: Born, Claudia/Krüger, Helga (Hg.) (1993): *Erwerbsverläufe von Ehepartnern und die Modernisierung weiblicher Lebensläufe.* Weinheim: Deutscher Studien Verlag. 151-171.

Breger, Claudia (2002): „Queer Studies/Queer Theory". In: Kroll, Renate (Hg.) (2002): *Metzler-Lexikon Gender Studies/Geschlechterforschung. Ansätze - Personen - Grundbegriffe.* Stuttgart/Weimar: Metzler. 327-329.

Bröckling, Ulrich (2003): „Das demokratisierte Panopticon. Subjektivierung und Kontrolle im 360°-Feedback". In: Honneth, Axel/Saar, Martin (Hg.) (2003): *Michel Foucault. Zwischenbilanz einer Rezeption. Frankfurter Foucault-Konferenz 2001.* Frankfurt a. M.: Suhrkamp (= Suhrkamp-Taschenbuch Wissenschaft; 1617). 77-93.

Buchholz, Michael B. (1987): „Individuum/Individualität". In: Grubitzsch, Siegfried/Rexilius, Günter (Hg.) (1987): *Psychologische Grundbegriffe. Mensch und Gesellschaft in der Psychologie. Ein Handbuch.* Reinbek bei Hamburg: Rowohlt Taschenbuch-Verlag. 486-493. [rowohlts enzyklopädie].

Butler, Judith (1991): *Das Unbehagen der Geschlechter.* Übers. von Kathrina Menke. Frankfurt a. M.: Suhrkamp (= edition suhrkamp; 1722). [Orig.: *Gender Trouble.* New York 1990].

Butler, Judith (1997): *Körper von Gewicht. Die diskursiven Grenzen des Geschlechts.* Übers. von Karin Wördemann. Frankfurt a. M.: Suhrkamp (= edition suhrkamp; 1737). [Orig.: *Bodies that Matter.* New York 1993].

Butler, Judith (2001): *Psyche der Macht. Das Subjekt der Unterwerfung.* Übers. von Reiner Ansén. Frankfurt a. M.: Suhrkamp (= edition suhrkamp; 1744). [Orig.: *The Psychic Life of Power. Theories in Subjection*. Stanford 1997].

Butler, Judith (2003): „Noch einmal: Körper und Macht". Übers. von Reiner Ansén. In: Honneth, Axel/Saar, Martin (Hg.) (2003): *Michel Foucault. Zwischenbilanz einer Rezeption. Frankfurter Foucault-Konferenz 2001*. Frankfurt a. M.: Suhrkamp (= Suhrkamp-Taschenbuch Wissenschaft; 1617). 52-67

Coenen, Herman (1985): „Leiblichkeit und Sozialität. Ein Grundproblem der phänomenologischen Soziologie". In: Petzold, Hilarion (Hg.) (1985): *Leiblichkeit: Philosophische, gesellschaftliche und therapeutische Perspektiven*. Reihe innovative Psychotherapie und Humanwissenschaften 25. Paderborn: Junfermann. 197-228.

Darmstädter, Tim/Mey, Günter (1998): „Identität im Selbstwiderspruch oder ‚Die Schizophrenie des Lebens'. Theoretische und empirische Einwände gegen ‚postmoderne' Konzeptualisierungsversuche von Identität". In: *Psychologie & Gesellschaftskritik* 88.4, 65-94.

Dauschek, Anja (1994): „Körperbild und Attraktivität. Ein Exkurs über den Körper". In: Redler, Elisabeth (Hg.) (1994): *Der Körper als Medium zur Welt: Eine Annäherung von außen: Schönheit und Gesundheit*. Frankfurt a. M.: Mabuse-Verlag. 57-69.

Diezinger, Angelika et al. (Hg.) (1994): *Erfahrung mit Methode. Wege sozialwissenschaftlicher Frauenforschung*. Forum Frauenforschung 8. Freiburg i. Breisgau: Kore.

Douglas, Mary (1974): *Ritual, Tabu und Körpersymbolik. Sozialanthropologische Studien in Industriegesellschaft und Stammeskultur.* Übers. von Eberhard Bubser. Frankfurt a. M.: S. Fischer. [Orig.: *Natural Symbols; Explorations in Cosmology*. London, 1970/1973].

Dreitzel, Hans Peter (1980): *Die gesellschaftlichen Leiden und das Leiden an der Gesellschaft. Eine Pathologie des Alltagslebens.* 3., neubearb. Aufl. Stuttgart: Ferdinand Enke.

Dreyfus, Hubert L./Rabinow, Paul (1987): *Michel Foucault. Jenseits von Strukturalismus und Hermeneutik*. Mit einem Nachwort von und einem Interview mit Michel Foucault. Übers. von Claus Rath/Ulrich Raulff. Frankfurt a. M.: Athenäum. [Orig.: *Michel Foucault. Beyond Structuralism and Hermeneutics*. Chicago 1982/1983].

Drügh, Heinz (2000): „Strukturalismus". In: Schnell, Ralf (Hg.) (2000): *Metzler-Lexikon Kultur der Gegenwart. Themen und Theorien, Formen und Institutionen seit 1945*. Stuttgart/Weimar: Metzler. 492-495.

Dubiel, H. (1976): „Identität, Ich-Identität". In: Ritter, Joachim/Gründer, Karlfried (Hg.) (1976): *Historisches Wörterbuch der Philosophie*. 4. Bd. Basel/Stuttgart: Schwabe. 148-151.

Duden, Barbara (1987): *Geschichte unter der Haut. Ein Eisenacher Arzt und seine Patientinnen um 1730*. Stuttgart: Klett-Cotta.

Duden, Barbara (1991): *Der Frauenleib als öffentlicher Ort. Vom Mißbrauch des Begriffs Leben*. Hamburg/Zürich: Luchterhand.

Duden Fremdwörterbuch. 5., neu bearb. u. erw. Aufl. 1990. Mannheim etc.: Dudenverlag (= Der Duden; 5).

Elias, Norbert (1976a): *Über den Prozeß der Zivilisation. Soziogenetische und psychogenetische Untersuchungen*. Bd. 1: *Wandlungen des Verhaltens in den weltlichen Oberschichten des Abendlandes*. 19. Aufl. Frankfurt a. M.: Suhrkamp, 1995 (= Suhrkamp-Taschenbuch Wissenschaft; 158). [1. Aufl. 1976; Text- und seitenidentisch mit der im Verlag Francke, Bern, ersch. 2. Aufl. 1969].

Elias, Norbert (1976b): *Über den Prozeß der Zivilisation. Soziogenetische und psychogenetische Untersuchungen*. Bd. 2: *Wandlungen der Gesellschaft, Entwurf zu einer Theorie der Zivilisation*. Frankfurt a. M.: Suhrkamp (= Suhrkamp-Taschenbuch Wissenschaft; 159). [Text- und seitenidentisch mit der im Verl. Francke, Bern, ersch. 2. Aufl. 1969].

Elias, Norbert (1987): *Die Gesellschaft der Individuen*. Hg. Von Michael Schröter. Frankfurt am Main: Suhrkamp.

Erikson, Erik H. (1973): *Identität und Lebenszyklus. Drei Aufsätze*. Übers. von Käte Hügel. 17. Aufl. Frankfurt a. M.: Suhrkamp, 1998 (=Suhrkamp-Taschenbuch Wissenschaft; 16). [1. Aufl. 1973; Orig.: Identity and the Life Cycle, 1959].

Etymologisches Wörterbuch des Deutschen. Berlin: Akademie-Verlag, 1989.

Field, David (1978): „Der Körper als Träger des Selbst. Bemerkungen zur sozialen Bedeutung des Körpers". Übers. von Elke Esser. In: *Kölner Zeitschrift für Soziologie und Sozialpsychologie* 30, 244-264.

Fischer-Rosenthal, Wolfram (1995): „Zum Konzept der subjektiven Aneignung von Gesellschaft". In: Flick, Uwe et al. (Hg.) (1995): *Handbuch Qualitative Sozialforschung. Grundlagen, Konzepte Methoden und Anwendungen*. 2. Aufl. Weinheim: Beltz. 78-89.

Fischer-Rosenthal, Wolfram (1999): „Biographie und Leiblichkeit. Zur biographischen Arbeit und Artikulation des Körpers". In: Alheit, Peter et al. (1999): *Biographie und Leib*. Gießen: Psychosozial-Verlag. 15-43.

Flick, Uwe et al. (Hg.) (1995): *Handbuch Qualitative Sozialforschung. Grundlagen, Konzepte Methoden und Anwendungen*. 2. Aufl. Weinheim: Beltz.

Foucault, Michel (1976): *Überwachen und Strafen. Die Geburt des Gefängnisses*. Übers. von Walter Seitter. 1. Aufl. Frankfurt a. M.: Suhrkamp, 1994. [Copyright 1976; Erstveröff. 1977 als stw; 184; Orig.: *Surveiller et punir. La naissance de la prison*, 1975].

Foucault, Michel (1987a): „Das Subjekt und die Macht". Nachwort von Michel Foucault. In: Dreyfus, Hubert L./Rabinow, Paul (1987): *Michel Foucault. Jenseits von Strukturalismus und Hermeneutik*. Übers. von Claus Rath/Ulrich Raulff. Frankfurt a. M.: Athenäum.

[Orig.: *Michel Foucault. Beyond Structuralism and Hermeneutics*. Chicago 1982/1983]. 243-261.

Foucault, Michel (1987b): „Genealogie der Ethik: Ein Überblick über laufende Arbeiten". Interview mit Michel Foucault. In: Dreyfus, Hubert L./Rabinow, Paul (1987): *Michel Foucault. Jenseits von Strukturalismus und Hermeneutik*. Mit einem Nachwort von und einem Interview mit Michel Foucault. Übers. von Claus Rath/Ulrich Raulff. Frankfurt a. M.: Athenäum. [Orig.: *Michel Foucault. Beyond Structuralism and Hermeneutics*. Chicago 1982/1983]. 265-292.

Freud, Sigmund (1978): *Das Ich und das Es und andere metapsychologische Schriften*. Frankfurt a. M.: Fischer Taschenbuch-Verlag

Frey, Hans-Peter/Haußer, Karl (1987*)*: „Entwicklungslinien sozialwissenschaftlicher Identitätsforschung". In: Frey, Hans-Peter/Haußer, Karl (Hg.) (1987*)*: *Identität. Entwicklungen psychologischer und soziologischer Forschung*. Der Mensch als soziales und personales Wesen 7. Stuttgart: Ferdinand Enke.

Frey, Hans-Peter/Haußer, Karl (Hg.) (1987*)*: *Identität. Entwicklungen psychologischer und soziologischer Forschung*. Der Mensch als soziales und personales Wesen 7. Stuttgart: Ferdinand Enke.

Frey, Regina/Dingler, Hannes (2000): „Was ist Gender?" In: *die tageszeitung, taz Magazin* 6247, 16. September 2000, 6.

Fricke, Stefan (2000): "Aktionskunst". In: Schnell, Ralf (Hg.) (2000): *Metzler-Lexikon Kultur der Gegenwart. Themen und Theorien, Formen und Institutionen seit 1945*. Stuttgart/Weimar: Metzler. 12-13.

Fuchs, Werner et al. (Hg.) (1978): *Lexikon zur Soziologie*. 2., verb. u. erw. Aufl. Opladen: Westdeutscher Verlag. [Ungekürzte Sonderausgabe, 1988].

Funk, Julika (2002): "Drag". In: Kroll, Renate (Hg.) (2002): *Metzler-Lexikon Gender Studies/Geschlechterforschung. Ansätze - Personen - Grundbegriffe*. Stuttgart/Weimar: Metzler. 73-74.

Gergen, Kenneth J. (1996): *Das übersättigte Selbst. Identitätsprobleme im heutigen Leben*. Übers. von Frauke May. Heidelberg: Carl-Auer-Systeme. [Orig.: *The Saturated Self*, 1991].

Giddens, Anthony (1991): *Modernity and Self-Identity. Self and Society in the Late Modern Age*. Stanford, California: Stanford University Press.

Goffman, Erving (1969): *Wir alle spielen Theater. Die Selbstdarstellung im Alltag*. Übers. von Peter Weber-Schäfer. Neuausg. München/Zürich: Piper, 1983. (= Serie Piper; 312). [Copyright 1969; Orig.: *The Presentation of Self in Everyday Life*. New York 1959].

Goffman, Erving (1975): *Stigma. Über Techniken der Bewältigung beschädigter Identität*. Übers. von Frigga Haug. 9. Aufl. Frankfurt a. M.: Suhrkamp, 1990. (= Suhrkamp-Taschenbuch Wissenschaft; 140). [1. Aufl. 1975; Orig.: *Stigma. Notes on the Management of Spoiled Identity*, 1963].

Grubitzsch, Siegfried/Rexilius, Günter (Hg.) (1987): *Psychologische Grundbegriffe. Mensch und Gesellschaft in der Psychologie. Ein Handbuch*. Reinbek bei Hamburg: Rowohlt Taschenbuch-Verlag. [rowohlts enzyklopädie].

Gugutzer, Robert (1998): „Zur Körperthematisierung in einer individualisierenden Gesellschaft". In: *Kultursoziologie* 7.2, 33-54.

Gugutzer, Robert (2002): *Leib, Körper und Identität. Eine phänomenologisch-soziologische Untersuchung zur personalen Identität*. Wiesbaden: Westdeutscher Verlag.

Habermas, Jürgen (1976): *Zur Rekonstruktion des Historischen Materialismus*. 3. Aufl. Frankfurt a. M.: Suhrkamp, 1982 (= Suhrkamp-Taschenbuch Wissenschaft; 154). [Copyright 1976].

Habermas, Jürgen (1976a): „Moralentwicklung und Ich-Identität". In: Habermas, Jürgen (1976): *Zur Rekonstruktion des Historischen Mate-*

rialismus. 3. Aufl. Frankfurt a. M.: Suhrkamp, 1982. (= Suhrkamp-Taschenbuch Wissenschaft; 154). 63-91.

Habermas, Jürgen (1976b): „Können komplexe Gesellschaften eine vernünftige Identität ausbilden?". In: Habermas, Jürgen (1976): *Zur Rekonstruktion des Historischen Materialismus*. 3. Aufl. Frankfurt a. M.: Suhrkamp, 1982. (= Suhrkamp-Taschenbuch Wissenschaft; 154). 92-126.

Haeberlin, Urs/Niklaus, Eva (1978): *Identitätskrisen. Theorie und Anwendung am Beispiel des sozialen Aufstiegs durch Bildung*. Bern/Stuttgart: Paul Haupt (= UTB; 6987).

Henrich, Dieter (1979): „'Identität' – Begriffe, Probleme, Grenzen". In: Marquard, Odo/Stierle, Karlheinz (Hg.) (1979): *Identität*. Poetik und Hermeneutik 8. München: Fink.

Hesse, Heidrun (2003): „'Ästhetik der Existenz'". In: Honneth, Axel/Saar, Martin (Hg.) (2003): *Michel Foucault. Zwischenbilanz einer Rezeption. Frankfurter Foucault-Konferenz 2001*. Frankfurt a. M.: Suhrkamp (= Suhrkamp-Taschenbuch Wissenschaft; 1617). 300-308.

Hessel, Aike/Geyer, Michael/Brähler, Elmar (Hg.) (1998): *Gewinne und Verluste sozialen Wandels*. Wiesbaden: Westdeutscher Verlag.

Hofmann, Heidi (1999): „Der Körper in der philosophischen, genethischen und feministischen Diskussion". In: *femina politica. Zeitschrift für feministische Politik-Wissenschaft* 8.2, 17-32.

Hollweg, Brenda (2002): "Performance/Performativer Akt". In: Kroll, Renate (Hg.) (2002): *Metzler-Lexikon Gender Stdies/Geschlechterforschung. Ansätze - Personen - Grundbegriffe*. Stuttgart/Weimar: Metzler. 304.

Honneth, Axel (2001): „Ein materialistischer Wittgenstein. Macht, Wissen, Subjekt: Michel Foucault und die Humanwissenschaften - Versuch einer Zwischenbilanz". In: Frankfurter Rundschau online. URL: http://www.fr-aktuell.de/fr/0604/t0606001.html [Stand: 09.10.2001], 1-6.

Honneth, Axel/Saar, Martin (Hg.) (2003): *Michel Foucault. Zwischenbilanz einer Rezeption. Frankfurter Foucault-Konferenz 2001*. Frankfurt a. M.: Suhrkamp (= Suhrkamp-Taschenbuch Wissenschaft; 1617).

Huber, Jakob/Krainz, Ewald (1987): „Identität". In: Grubitzsch, Siegfried/Rexilius, Günter (Hg.) (1987): *Psychologische Grundbegriffe. Mensch und Gesellschaft in der Psychologie. Ein Handbuch*. Reinbek bei Hamburg: Rowohlt Taschenbuch-Verlag. 474-478. [rowohlts enzyklopädie].

Jappe, Elisabeth (1993*): Performance – Ritual – Prozeß. Handbuch der Aktionskunst in Europa*. München/New York: Prestel-Verlag.

Jeschke, Claudia (1997): „Anmerkungen zum performativen Wissen von Tanztechnik und Tanzschriften im 19. Jahrhundert". In: Öhlschläger, Claudia/Wiens, Birgit (Hg.) (1997): *Körper – Gedächtnis – Schrift. Der Körper als Medium kultureller Erinnerung*. Geschlechterdifferenz & Literatur 7. Berlin: Erich Schmidt Verlag. 178-195.

Jung, Ursula (2002): "Camp". In: Kroll, Renate (Hg.) (2002): *Metzler-Lexikon Gender Studies/Geschlechterforschung. Ansätze - Personen - Grundbegriffe*. Stuttgart/Weimar: Metzler. 46.

Kamper, Dietmar/Wulf, Christoph (Hg.) (1982): *Die Wiederkehr des Körpers*. Frankfurt a. M.: Suhrkamp (= edition suhrkamp; 1132)

Kaulbach, F. (1980): „Leib, Körper (II. Neuzeit)": In: Ritter, Joachim/Gründer, Karlfried (Hg.) (1980): *Historisches Wörterbuch der Philosophie*. 5. Bd. Basel/Stuttgart: Schwabe. 178-185.

Kerber, Harald/Schmieder, Arnold (1991): *Soziologie. Arbeitsfelder, Theorien, Ausbildung. Ein Grundkurs*. Reinbek bei Hamburg: Rowohlt Taschenbuch-Verlag. [rowohlts enzyklopädie].

Kerber, Harald/Schmieder, Arnold (1991): "Frühbürgerliche Gesellschaftsvorstellungen". In: Kerber, Harald/Schmieder, Arnold (1991): *Soziologie. Arbeitsfelder, Theorien, Ausbildung. Ein Grundkurs.*

Reinbek bei Hamburg: Rowohlt Taschenbuch-Verlag. 343-376. [rowohlts enzyklopädie].

Kerchner, Brigitte (1999): „Der Körper als politische Metapher". In: *femina politica. Zeitschrift für feministische Politik-Wissenschaft* 8.2, 61-79.

Keupp, Heiner/Höfer, Renate (1998): „Vorwort". In: Keupp, Heiner/Höfer, Renate (Hg.) (1998): *Identitätsarbeit heute. Klassische und aktuelle Perspektiven der Identitätsforschung.* 2. Aufl. Frankfurt a. M.: Suhrkamp (= Suhrkamp-Taschenbuch Wissenschaft; 1299). 7-10.

Keupp, Heiner/Höfer, Renate (Hg.) (1998): *Identitätsarbeit heute. Klassische und aktuelle Perspektiven der Identitätsforschung.* 2. Aufl. Frankfurt a. M.: Suhrkamp (= Suhrkamp-Taschenbuch Wissenschaft; 1299).

Keupp, Heiner et al. (1999): *Identitätskonstruktionen. Das Patchwork der Identitäten in der Spätmoderne.* Reinbek bei Hamburg: Rowohlt Taschenbuch-Verlag. [rowohlts enzyklopädie].

Krappmann, Lothar (1969): *Soziologische Dimension der Identität. Strukturelle Bedingungen für die Teilnahme an Interaktionsprozessen.* 3. Aufl. Stuttgart: Ernst Klett, 1973. [Copyright 1969].

Krasmann, Susanne (1999): „Körper hervorbringen. Zur konstituven Funktion von Diskursen bei Foucault". In: *femina politica. Zeitschrift für feministische Politik-Wissenschaft* 8.2, 32-41.

Kraus, Wolfgang (1998): "Das Leben als Erzählung". In: *Psychologie Heute* 25.1, 36-41.

Kroll, Renate (2000): „Gender Studies". In: Schnell, Ralf (Hg.) (2000): *Metzler-Lexikon Kultur der Gegenwart. Themen und Theorien, Formen und Institutionen seit 1945.* Stuttgart/Weimar: Metzler. 176-177.

Kroll, Renate (Hg.) (2002): *Metzler-Lexikon Gender Studies/Geschlechter-forschung. Ansätze - Personen - Grundbegriffe.* Stuttgart/Weimar: Metzler.

Kuon, Barbara (2000): „Poststrukturalismus". In: Schnell, Ralf (Hg.) (2000): *Metzler-Lexikon Kultur der Gegenwart. Themen und Theorien, Formen und Institutionen seit 1945.* Stuttgart/Weimar: Metzler. 425-426.

Labado, Silvia Nora (2002): „Ein-Geschlecht-Modell (Laqueur)". In: Kroll, Renate (Hg.) (2002): *Metzler-Lexikon Gender Studies/Geschlechterforschung. Ansätze - Personen - Grundbegriffe.* Stuttgart/Weimar: Metzler. 79.

Laqueur, Thomas (1992): *Auf den Leib geschrieben. Die Inszenierung der Geschlechter von der Antike bis Freud.* Übers. von H. Jochen Bußmann. Frankfurt a. M./New York: Campus Verlag. [Orig.: *Making Sex. Body and Gender from the Greeks to Freud.* Cambridge, 1990].

Linck, Dirck (2000): „Homosexuellenkultur". In: Schnell, Ralf (Hg.) (2000): *Metzler-Lexikon Kultur der Gegenwart. Themen und Theorien, Formen und Institutionen seit 1945.* Stuttgart/Weimar: Metzler. 205-207.

Lindemann, Gesa (1992): „Die leiblich-affektive Konstruktion des Geschlechts. Für eine Mikrosoziologie des Geschlechts unter der Haut". In: *Zeitschrift für Soziologie* 21.5, 330-346.

Lindemann, Gesa (1993): „Wider die Verdrängung des Leibes aus der Geschlechtskonstruktion". In: *Feministische Studien* 2, 44-54.

Lindhoff, Lena (1995): *Einführung in die feministische Literaturtheorie.* Stuttgart: Metzler (= Sammlung Metzler; 285).

Lütke, Hartmut (1996): „Methodenprobleme der Lebensstilforschung. Probleme des Vergleichs empirischer Lebensstiltypologien und der Identifikation von Stilpionieren". In: Schwenk, Otto G. (Hg.) (1996): *Lebensstil zwischen Sozialstrukturanalyse und Kulturwissenschaft.* Opladen: Leske + Budrich. 139-163.

Marquard, Odo/Stierle, Karlheinz (Hg.) (1979): „Vorwort". In: *Identität*. Poetik und Hermeneutik 8. München: Fink. 11-13.

Marquard, Odo/Stierle, Karlheinz (Hg.) (1979): *Identität*. Poetik und Hermeneutik 8. München: Fink.

Mead, George Herbert (1973): *Geist, Identität und Gesellschaft aus der Sicht des Sozialbehaviorismus*. Mit einer Einleitung herausgegeben von Charles W. Morris. Übers. von Ulf Pacher. 7. Aufl. Frankfurt a. M.: Suhrkamp, 1988 (= Suhrkamp-Taschenbuch Wissenschaft; 28). [1. Aufl. 1973; Orig.: *Mind, Self and Society. From the standpoint of a social behaviorist*. Chicago 1934.]

Menke, Christoph (2003): „Zweierlei Übung. Zum Verhältnis von sozialer Disziplinierung und ästhetischer Existenz". In: Honneth, Axel/Saar, Martin (Hg.) (2003): *Michel Foucault. Zwischenbilanz einer Rezeption. Frankfurter Foucault-Konferenz 2001*. Frankfurt a. M.: Suhrkamp (= Suhrkamp-Taschenbuch Wissenschaft; 1617). 283-299.

Merleau-Ponty, Maurice (1973): *Vorlesungen I*. Übersetzt und eingeführt durch ein Vorwort von Alexandre Métraux. Phänomenologisch-psychologische Forschungen 9. Berlin/New York: de Gruyter.

Müller-Schöll, Nikolaus (2000): „Dekonstruktion". In: Schnell, Ralf (Hg.) (2000): *Metzler-Lexikon Kultur der Gegenwart. Themen und Theorien, Formen und Institutionen seit 1945*. Stuttgart/Weimar: Metzler. 92-93.

Näcke, Lars/Park, Eri (2000): „Subjektivität und Subjektivierung – Zwischen Einschreibung und Selbstführung". In: *Psychologie & Gesellschaftskritik* 94.2, 9-35.

Öhlschläger, Claudia/Wiens, Birgit (Hg.) (1997): *Körper – Gedächtnis – Schrift. Der Körper als Medium kultureller Erinnerung*. Geschlechterdifferenz & Literatur 7. Berlin: Erich Schmidt Verlag.

Öhlschläger, Claudia/Wiens, Birgit (1997): „Körper – Gedächtnis – Schrift. Eine Einleitung". In: Öhlschläger, Claudia/Wiens, Birgit (Hg.) (1997): *Körper – Gedächtnis – Schrift. Der Körper als Medium kul-*

tureller Erinnerung. Geschlechterdifferenz & Literatur 7. Berlin: Erich Schmidt Verlag. 9-22.

Osinski, Jutta (1998): *Einführung in die feministische Literaturwissenschaft.* Berlin: Erich Schmidt.

Papcke, Sven/Oesterdiekhoff, Georg W. (Hg.) (2001): *Schlüsselwerke der Soziologie.* Wiesbaden: Westdeutscher Verlag.

Petzold, Hilarion (Hg.) (1985): *Leiblichkeit: Philosophische, gesellschaftliche und therapeutische Perspektiven.* Reihe innovative Psychotherapie und Humanwissenschaften 25. Paderborn: Junfermann.

Pilz, Dirk (2000): "Performance". In: Schnell, Ralf (Hg.) (2000): *Metzler-Lexikon Kultur der Gegenwart. Themen und Theorien, Formen und Institutionen seit 1945.* Stuttgart/Weimar: Metzler. 405.

Platta, Holdger (1998): *Identitäts-Ideen. Zur gesellschaftlichen Vernichtung unseres Selbstbewußtseins.* Gießen: Psychosozial-Verlag.

Plessner, Helmuth (1965): *Die Stufen des Organischen und der Mensch. Einleitung in die philosophische Anthropologie.* 2., um Vorwort, Nachtrag u. Register erw. Aufl. Berlin: Walter de Gruyter.

Psychologie Heute 27.3, 2000.

Rattner, Joseph (1995): *Klassiker der Psychoanalyse.* 2. Aufl. Weinheim: Psychologie Verlags Union. [1. Aufl. u. d. T.: *Klassiker der Tiefenpsychologie*, 1990.]

Redler, Elisabeth (Hg.) (1994): *Der Körper als Medium zur Welt. Eine Annäherung von außen: Schönheit und Gesundheit.* Frankfurt a. M.: Mabuse-Verlag.

Rentsch, Th. (1980): „Leib-Seele-Verhältnis (III. Hauptströmungen gegenwärtiger Sprachphilosophie)". In: Ritter, Joachim/Gründer, Karlfried (Hg.) (1980): *Historisches Wörterbuch der Philosophie.* 5. Bd. Basel/Stuttgart: Schwabe. 202-206.

Ritter, Joachim (Hg.) (1971): *Historisches Wörterbuch der Philosophie.* 1. Bd. Basel/Stuttgart: Schwabe.

Ritter, Joachim/Gründer, Karlfried (Hg.) (1976): *Historisches Wörterbuch der Philosophie.* 4. Bd. Basel/Stuttgart: Schwabe.

Ritter, Joachim/Gründer, Karlfried (Hg.) (1980): *Historisches Wörterbuch der Philosophie.* 5. Bd. Basel/Stuttgart: Schwabe.

Rittner, Volker (1982): „Krankheit und Gesundheit. Veränderungen in der sozialen Wahrnehmung des Körpers". In: Kamper, Dietmar/Wulf, Christoph (Hg.) (1982): *Die Wiederkehr des Körpers.* Frankfurt a. M.: Suhrkamp (= edition suhrkamp; 1132). 40-51.

Rittner, Volker/Mrazek, Joachim (1986a): „Neues Glück aus dem Körper". In: *Psychologie Heute* 13.11, 54-63.

Rittner, Volker/Mrazek, Joachim (1986b): „Wunschobjekt Körper". In: *Psychologie Heute* 13.12, 62-68.

Rönsch, Horst Dieter (1978): „Phänomenologie". In: Fuchs, Werner et al. (Hg.) (1978): *Lexikon zur Soziologie.* 2., verb. u. erw. Aufl. Opladen: Westdeutscher Verlag. 571-572. [Ungekürzte Sonderausgabe, 1988].

Rotert, Alfred: *„Medienkunst braucht Zeit".* Interview mit Alfred Rotert. In: Neue Osnabrücker Zeitung 33.90, 15. April 2000, 8.

Runte, Annette (2000): „Travestie". In: Schnell, Ralf (Hg.) (2000): *Metzler-Lexikon Kultur der Gegenwart. Themen und Theorien, Formen und Institutionen seit 1945.* Stuttgart/Weimar: Metzler. 511.

Scheerer, E. (1976): „Körperschema". In: Ritter, Joachim/Gründer, Karlfried (Hg.) (1976): *Historisches Wörterbuch der Philosophie.* 4. Bd. Basel/Stuttgart: Schwabe. 1134-1136.

Schmaus, Marion (2000): „Identität". In: Schnell, Ralf (Hg.) (2000): *Metzler-Lexikon Kultur der Gegenwart. Themen und Theorien, Formen und Institutionen seit 1945*. Stuttgart/Weimar: Metzler. 213-215.

Schmerl, Christiane et al. (Hg.) (2000): *Sexuelle Szenen. Inszenierungen von Geschlecht und Sexualität in modernen Gesellschaften*. Opladen: Leske + Budrich.

Schmieder, Arnold (1984): „Identität". In: Kerber, Harald/Schmieder, Arnold (1984): *Handbuch Soziologie. Zur Theorie und Praxis sozialer Beziehungen*. Reinbek bei Hamburg: Rowohlt Taschenbuch-Verlag.

Schmieder, Arnold (2001): "Mead, George Herbert: Geist, Identität und Gesellschaft aus der Sicht des Sozialbehaviorismus". In: Papcke, Sven/Oesterdiekhoff, Georg W. (Hg.) (2001): *Schlüsselwerke der Soziologie*. Wiesbaden: Westdeutscher Verlag. 327-329.

Schnell, Ralf (Hg.) (2000): *Metzler-Lexikon Kultur der Gegenwart. Themen und Theorien, Formen und Institutionen seit 1945*. Stuttgart/Weimar: Metzler.

Schorn, Ariane (2000): „Verbotene Blicke - begehrt und gefürchtet". In *Psychosozial* 82.4, 9-19.

Schöttker, Detlev (2000): „Postmoderne". In: Schnell, Ralf (Hg.) (2000): *Metzler-Lexikon Kultur der Gegenwart. Themen und Theorien, Formen und Institutionen seit 1945*. Stuttgart/Weimar: Metzler. 424-425.

Schülein, Johann August (1987): „Subjektivität". In Grubitzsch, Siegfried/Rexilius, Günter (Hg.) (1987): *Psychologische Grundbegriffe. Mensch und Gesellschaft in der Psychologie. Ein Handbuch*. Reinbek bei Hamburg: Rowohlt Taschenbuch-Verlag. 486-493. [rowohlts enzyklopädie].

Schütz, Alfred (1971): *Das Problem der Relevanz.* Übers. von Alexander v. Baeyer. Hg. u. erläutert von Richard M. Zaner. Einleitung von Thomas Luckmann. Frankfurt: Suhrkamp.

Schwenk, Otto G. (Hg.) (1996): *Lebensstil zwischen Sozialstrukturanalyse und Kulturwissenschaft.* Opladen: Leske + Budrich.

Schwingel, Markus (1998): *Pierre Bourdieu zur Einführung.* 2. Aufl. Haumburg: Junius

Seitz, Rita (1994): „‚Prisoner of Gender' Or ‚Prisoner of Discourse'? Diskurstheoretische Analyse sozialwissenschaftlicher Daten". In: Diezinger, Angelika et al. (Hg.) (1994): *Erfahrung mit Methode. Wege sozialwissenschaftlicher Frauenforschung.* Forum Frauenforschung 8. Freiburg i. Breisgau: Kore. 183-199.

Soine, Stefanie (2000): „Was hat ‚lesbische Identität' mit Frausein und Sexualität zu tun?" In: Schmerl, Christiane et al. (Hg.) (2000): *Sexuelle Szenen. Inszenierungen von Geschlecht und Sexualität in modernen Gesellschaften.* Opladen: Leske + Budrich. 194-225.

Specht, R. (1971): „Cartesianismus". In: Ritter, Joachim (Hg.) (1971): *Historisches Wörterbuch der Philosophie.* 1. Bd. Basel/Stuttgart: Schwabe. 969-970.

Specht, R. (1980): „Leib-Seele-Verhältnis (II. Leib-Seele-Verhältnis-Theorien seit dem Hellenismus)". In: Ritter, Joachim/Gründer, Karlfried (Hg.) (1980): *Historisches Wörterbuch der Philosophie.* 5. Bd. Basel/Stuttgart: Schwabe. 187-201.

Stein-Hilbers, Marlene/Soine, Stefanie/Wrede, Birgitta (2000): „Einleitung: Sexualität und Geschlecht im Kontext kultureller Zweigeschlechtlichkeit". In: Schmerl, Christiane et al. (Hg.) (2000): *Sexuelle Szenen. Inszenierungen von Geschlecht und Sexualität in modernen Gesellschaften.* Opladen: Leske + Budrich. 9-22.

Straub, Jürgen (1991): „Identitätstheorie im Übergang? Über Identitätsforschung, den Begriff der Identität und die zunehmende Beachtung des Nicht-Identischen in subjekttheoretischen Diskursen". In: *Sozialwissenschaftliche Literatur Rundschau* 14.23, 49-71.

Straub, Jürgen (1998): „Personale und kollektive Identität. Zur Analyse eines theoretischen Begriffs". In: Assmann, Aleida/Friese, Heidrun (Hg.) (1998): *Identitäten. Erinnerung, Geschichte, Identität 3.* Frankfurt a. M.: Suhrkamp (= Suhrkamp-Taschenbuch Wissenschaft; 1404). 73-104.

Taubert, Johanna (1994): *Pflege auf dem Weg zu einem neuen Selbstverständnis. Berufliche Entwicklung zwischen Diakonie und Patientenorientierung.* 2. Aufl. Frankfurt a. M.: Mabuse-Verlag (= Mabuse-Verlag Wissenschaft; 6).

Treibel, Annette (1994): *Einführung in soziologische Theorien der Gegenwart.* 2., durchges. Aufl. Einführungskurs Soziologie 3. Opladen: Leske + Budrich.

Ullrich, Wolfgang (2000): „Körperkunst". In: Schnell, Ralf (Hg.) (2000): *Metzler-Lexikon Kultur der Gegenwart. Themen und Theorien, Formen und Institutionen seit 1945.* Stuttgart/Weimar: Metzler. 261-262.

Veyne, Paul (2003): „Michel Foucaults Denken". Übers. von Michael Bischoff. In: Honneth, Axel/Saar, Martin (Hg.) (2003): *Michel Foucault. Zwischenbilanz einer Rezeption. Frankfurter Foucault-Konferenz 2001.* Frankfurt a. M.: Suhrkamp (= Suhrkamp-Taschenbuch Wissenschaft; 1617). 27-51.

Visker, Rudi (1991): *Michel Foucault: Genealogie als Kritik.* Übers. von J. Leilich. München: Fink (= UTB für Wissenschaft: Uni-Taschenbücher; 1600).

Volmerg, Ute (1978): *Identität und Arbeitserfahrung. Eine theoretische Konzeption zu einer Sozialpsychologie der Arbeit.* Frankfurt a. M.: Suhrkamp (= edition suhrkamp; 941).

Wagner, Peter (1998a): „Fest-Stellungen. Beobachtungen zur sozialwissenschaftlichen Diskussion über Identität". In: Assmann, Aleida/Friese, Heidrun (Hg.) (1998): *Identitäten*. Erinnerung, Geschichte, Identität 3. Frankfurt a. M.: Suhrkamp (= Suhrkamp-Taschenbuch Wissenschaft; 1404). 44-72.

Wagner, Wolf (1998b): „Gesellschaftlicher Wandel und Körperideal". In: Hessel, Aike/Geyer, Michael/Brähler, Elmar (Hg.) (1998): *Gewinne und Verluste sozialen Wandels*. Wiesbaden: Westdeutscher Verlag. 101-123.

Weibel, Peter (2000): „Sadomaso in Reinform". Interview mit Peter Weibel. In: *Der Spiegel* 27, 136-138.

Wiens, Birgit (1997): „'The Gender of Objects in Cultural Memory' – Zur Objektkunst Marcel Duchamps und ihrer Um-Schrift bei Christian Marclay". In: Öhlschläger, Claudia/Wiens, Birgit (Hg.) (1997): *Körper – Gedächtnis – Schrift. Der Körper als Medium kultureller Erinnerung*. Geschlechterdifferenz & Literatur 7. Berlin: Erich Schmidt Verlag. 254-276.

www.ingramcontent.com/pod-product-compliance
Lightning Source LLC
Chambersburg PA
CBHW020123010526
44115CB00008B/955